Ilse Kamski

unter Mitarbeit von Saskia Koltermann

Rhythmisierung in Ganztagsschulen

Erprobte Praxis – funktionierende Modelle

debus PÄDAGOGIK

Bibliografische Information der Deutschen Nationalbibliothek

Die Deutsche Nationalbibliothek verzeichnet diese Publikation in der Deutschen Nationalbibliografie; detaillierte bibliografische Daten sind im Internet unter http://dnb.d-nb.de abrufbar.

www.debus-paedagogik.de
www.wochenschau-verlag.de

Programmleitung: Peter E. Kalb
Umschlagentwurf: Ohl Design
Gesamtherstellung: Wochenschau Verlag
Titelbild: © vectomart – Fotolia.com
Gedruckt auf chlorfreiem Papier
ISBN 978-3-95414-032-9

Inhalt

Einleitung

Nach der Veröffentlichung der Ergebnisse des internationalen Schulleistungstests PISA 2001 erlebte die Diskussion um Ganztagsschulen nach Jahren der Stagnation eine Renaissance und stellte die Ursache für eine wiedererwachende Ganztagsschulforschung dar. Mittlerweile kann auf eine Vielzahl an wissenschaftlichen und praxisorientierten Publikationen verwiesen werden. Beim aktuellen Ausbau der Schulen können und werden diese bereits unterstützend wahrgenommen. Geht es doch bei diesen Entwicklungsprozessen um veränderte und innovative Lernformen und die Verbindung von unterrichtlichen und außerunterrichtlichen Angeboten und Lerngelegenheiten, die bei der Einführung und Entwicklung von Ganztagsschulen eine starke Berücksichtigung finden sollen (vgl. Hentig, 1973; Holtappels, 1994; Radisch, Klieme & Bos, 2006).

Bereits in den 1920er Jahren, im Zuge der reformpädagogischen Bewegung und der Entwicklung der Versuchsschulen, wurde über „Rhythmisierung" gesprochen. Der Begriff stellt sich heute in seiner Verwendung bisweilen diffus dar. Er ruft die unterschiedlichsten Assoziationen bei den an Ganztagsschulen beteiligten Mitarbeitenden und mit ihr befassten Personen hervor. Denken die einen an Phasen von Anspannung und Entspannung im Unterricht und deren Realisierung, verweisen andere auf die ausgewogene Verteilung des Unterrichts auf den Vormittag und Nachmittag. Dritte wiederum verstehen unter Rhythmisierung die Änderung der traditionellen Unterrichtseinheiten. Alleine diese Auswahl verdeutlicht bereits die vielfältigen Vorstellungen hinsichtlich eines Begriffes, der der Klärung und Ausdifferenzierung bedarf. Die häufig versäumte klare Darstellung, Abgrenzung und Fokussierung kann in Diskussionen und bei Entwicklungsvorhaben zu großen Irritationen führen.

Der vorliegende Band beschäftigt sich schwerpunktmäßig mit folgenden Fragen:

1. Was genau wird unter Rhythmisierung verstanden und wo ist dieser Begriff im Rahmen der (Ganztags-)Schulentwicklung zu verorten?

2. Welche Aufgabenfelder eröffnen sich für Schulen und welche Praxisbeispiele lassen sich abbilden?
3. Welche pädagogischen und organisatorischen Konsequenzen ergeben sich für Förderung im Zusammenhang mit dem Fachunterricht und außerunterrichtlichen Angeboten?

Diese Fragen verweisen bereits auf das zentrale Thema im Hinblick auf ‚Rhythmisierung' – die Entwicklung der Lernkultur in der Ganztagsschule! Anhand von theoretischen Erkenntnissen, empirischen Ergebnissen und Beispielen aus der Praxis sollen diese Fragestellungen referiert und diskutiert werden.

Das *erste Kapitel* des Bandes soll zu einer Klärung, Abgrenzung und somit begrifflichen Bestimmung von ‚Rhythmisierung' beitragen, indem eingangs der historische Entstehungskontext diskutiert, physiologische Leistungskurvenverläufe erörtert und auf reformpädagogisch geprägte Annahmen eingegangen wird. Im Rahmen einer ordnenden Übersicht sollen Dimensionen, Bereiche und Merkmale dargestellt werden und somit eine gliedernde Bestimmung von ‚Rhythmisierung' ermöglichen.

Über die Formenvielfalt von Ganztagsschulen hinweg erscheint es notwendig, sich auf gemeinsame Prägungen und eine Grundstruktur von Ganztagsschule zu verständigen. Als eine formale Systematisierung bieten sich neben dem Bereich der *Organisationsmerkmale* des weiteren *pädagogische Gestaltungsbereiche* an. Beide Systematisierungsgrößen (nach Holtappels, 2006) haben sich im Rahmen einer praxisnahen Ganztagsschulentwicklung bewährt. Um für die Rhythmisierungsthematik und die darin enthaltene Problematik hellhörig und sensibel zu werden, werden die beiden strukturierenden Größenmerkmale im *zweiten Kapitel* vorgestellt, diskutiert und so nah wie möglich an die Praxis gekoppelt, indem aktuelle Beispiele aus der Ganztagsschulentwicklung herangezogen und Fragen an die Einzelschule gestellt werden. Abschließend wird anhand der in Kapitel eins erfolgten gliedernden Begriffsbestimmung ‚Rhythmisierung' als ‚umfassende Klammer' der Ganztagsschulentwicklung zusammenfassend dargestellt.

Bereits 2006 haben Kolbe, Rabenstein und Reh dafür plädiert, nicht von Rhythmisierung, sondern von Zeitstrukturierungsmodellen zu sprechen. Den erweiterten in der Schule verbrachten Zeitrahmen gilt es nunmehr in Ganztagsschulen neu zu strukturieren. Das *dritte Kapitel* beschäftigt sich folglich mit Zeitstrukturmodellen, wobei verdeutlicht werden soll, welche pädagogischen, aber auch organisatorischen Veränderungen damit einhergehen, wenn die 45-Minuten-Stunde in eine andere Stundentaktung (z. B. 60 Minuten, 80 Minuten, 90 Minuten, etc.) überführt wird. Vor dem Hintergrund der Veränderungen der 45-minütigen Unterrichtsstunde werden erforderliche Konsequenzen für den Unterricht und die Organisation der Schule diskutiert. Zudem werden anhand von Stundenplanbeispielen Alternativen für die 45-Minutenstunde und somit Aspekte erläutert, die einerseits die 90-Minutenstunde (Doppelstundenmodell), andererseits das Stundenplanmodell, das durch Zeiteinsparungen Lerneinheiten gewinnt, sowie als drittes Alternativmodell die 60-Minutenstunde betreffen. Darüber hinaus wird der Frage nachgegangen, inwiefern die Mittagspause und Freizeitaktivitäten Einfluss auf veränderte Zeitstrukturierungsmodelle haben.

Im vorliegenden Band wird von der These ausgegangen, dass Schulen sich mit der Veränderung von Zeitstrukturmodellen beschäftigen, um etwas *am Lernen* bzw. der Lernkultur zu verändern. Das *vierte Kapitel* fokussiert auf Konsequenzen, die veränderte Zeitstrukturierungsmodelle für die unterrichtliche Praxis nach sich ziehen. Es wird der unterrichtliche Bereich enger in den Blick genommen. Dazu werden der Umgang mit und Umständen um Hausaufgaben und Schulaufgaben sowie Formate mit selbstlernspezifischen, fachspezifischem und beratungsspezifischer Förderung näher betrachtet, mit Beispielen unterlegt und an die „Rhythmisierungsthematik“ rückgekoppelt.

Das *fünfte Kapitel* betrachtet die außerunterrichtlichen Angebote und somit einen Bereich, der insbesondere die organisatorische und zeitliche Gestaltung, aber auch die (Lern-)Kultur einer Ganztagsschule prägt. Gerade in der (gebundenen) Ganztagsschule können und sollten außerunterrichtliche Angebote im erweiterten zeitlichen Rahmen eingerichtet werden, die, bezogen auf den Umfang und die Vielfalt, in der Halbtagsschule nicht möglich sind.

Neben der Eingrenzung des zu nutzenden Zeitrahmens sowie der Entwicklung und Planung von Angeboten zeigt das Kapitel Kooperationsmöglichkeiten zwischen Schulen und (inner- und außerschulischen) Partnern auf. Die Kooperationsgestaltung stellt alle Partner vor Herausforderungen, die benannt und mit Hilfe einer Reihe von förderlichen Bedingungen für die Zusammenarbeit aufgearbeitet werden. Abschließend werden wünschenswerte Verzahnungen mit dem Unterricht anhand von Beispielen aufgezeigt.

Den Abschluss bildet das *sechste Kapitel,* in dem ein Fazit gezogen und Schlussfolgerungen formuliert werden.

Teil I: Zur Einführung und Theorie

1. Rhythmisierung – eine Begriffsbestimmung

Der heutige Erfolg der Ganztagsschulen – im Vergleich zu der Offensive der 1970er und 1980er Jahre – ist auf mehrere Quellen zurückzuführen. So begann mit dem „PISA-Schock" zu Beginn der 2000er Jahre die Debatte um eine Reform des deutschen Bildungswesens. Neben der Forderung nach verbindlichen Bildungsstandards zur Qualitätssicherung wurde die Idee der Ganztagsschule erneut aufgegriffen und zu den zentralen Handlungsfeldern der Reformarbeit gezählt. Zudem wurden – entgegen der Argumentation in den 1980er Jahren – sowohl bildungs- als auch familien- und arbeitsmarktpolitische Aspekte in der Diskussion angeführt. Damals wurden diese getrennt behandelt, zum einen auf die Schule und zum anderen auf den Hort und somit die außerschulische Bildung bezogen. Erst eine Vermischung der Diskurse führte zur derzeitigen Attraktivität und zum heutigen Erfolg des Konzeptes der Ganztagsschule (vgl. Stecher et al., 2009). Außerdem unterstützte der Verzicht auf größere ideologische und parteipolitische Diskussionen und die Fokussierung auf die notwendige Reformierung des Bildungsprozesses die Entwicklung von Ganztagsschulen. Beinahe über alle politischen Parteien hinweg wird der weitere Ausbau von Ganztagsschulen mittlerweile als dringende Notwendigkeit erachtet. Als nicht zu vernachlässigendes Argument gilt es, die Einstellung der Eltern zur Ganztagsschule zu erwähnen. Diese hat sich seit dem Beginn der 1980er Jahre im Hinblick auf deren Ablehnung einer ganztägigen Betreuung von damals 40 % der Eltern bis auf 21 % Mitte der 2000er Jahre reduziert (vgl. Holtappels, 2005, 12). Eltern verweisen bei ihrer Zustimmung zum Ganztagsschulkonzept auf die spezifischen und erweiterten Fördermöglichkeiten sowie das Angebot an Freizeit- und Sportaktivitäten. Gleichzeitig betonen etwas 65 % den Vorteil einer damit verbundenen verlässlichen Betreuung ihrer Kinder und der Gelegenheit für eine Mittagsmahlzeit in der Schule (vgl. ebd., S. 13).

Aufgrund der Entwicklung von ganztägigen Schulen (aber auch der Einführung von G8 – der Verkürzung der Schulzeit am Gymnasium von neun auf acht Schuljahre) werden in der deutschen Schullandschaft einschneidende organisatorische und pädagogische Veränderungen erforderlich. Eine absehbare Konsequenz daraus ist eine sukzessive Veränderung der Lernkultur und somit eine Neugestaltung der Schule. Dabei stellt ‚Rhythmisierung' den dominanten Begriff in der damit verbundenen schulpraktischen und schulpolitischen Diskussion dar. Aussagen wie *„Jede Schule ist rhythmisiert durch 45 Minuten"*, *„Wir rhythmisieren den Tagesablauf"*, *„Bei uns wird im Unterricht rhythmisiert"* deuten bereits auf die Vielfalt der Ansätze und Vorstellungen hin. Eine fehlende Abgrenzung und Fokussierung des Begriffs führt bei Entwicklungsvorhaben häufig zu Missverständnissen und Irritationen, Zeitverzögerungen und der Gefahr des Scheiterns von Lernprozessen. Auch in der Literatur zeigt sich zuweilen ein wenig ausdifferenzierter Umgang. Bei näherer Betrachtung stellt sich die Rhythmisierungsthematik jedoch als Querschnittsthema von Ganztagsschule dar und kann als umfassende „Klammer" im Zuge der Ganztagsschulentwicklung bezeichnet werden. Doch was genau ist unter ‚Rhythmisierung' zu verstehen?

Das vorliegende Kapitel soll eine umfassende Orientierung geben, wie der Rhythmisierungsbegriff eingeordnet wird, welchen historischen Ursprung er hat und welche Rolle die physiologische Leistungskurvendiskussion sowie reformpädagogisch geprägte Annahmen spielen. Aber vor allem geht es darum, was es mit den Unterscheidungskriterien von Takt und Rhythmus auf sich hat und wie diese Dimensionen sich wiederum auf verschiedene *Ebenen*, *Bereiche* und *Merkmale* auswirken.

1.1 Historischer Entstehungskontext

Ludwig (1993, S. 592 f.) verweist in seiner „Geschichte der Ganztagsschule" auf die seit den 1920er Jahren stattfindenden Bemühungen *„um eine ‚Rhythmisierung' des Tagesablaufes in der ganztägig geführten Schule"*, die Ausdruck einer kindgemäßen Schule sei. Damit verbinden sich Vorstellungen, dass ein Wechsel von Anstrengung und Erholung, der den Schülerinnen und Schülern sowohl im Unterricht als auch im gesamten Tagesablauf geboten werden soll, für das Lernen förderlich sei. Im reformpädagogischen Ganztagsschuldiskurs wird diesbezüglich häufig unterstellt, dass es die Aufgabe von Schule sei, den Schulalltag so zu gestalten, dass er sich am „natürlichen" Rhythmus der Schülerinnen und Schüler orientiert, um so eine möglichst optimale Verbindung von Schule und Leben zu schaffen. Dabei werden Argumente bemüht, wie „notwendige rhythmische Wechsel von Anspannung und Entspannung herbeizuführen", „die Dringlichkeit den Schultag zu entzerren" oder „einer Verkopfung des Morgens entgegenzuwirken" (vgl. ebd.). Im engen Zusammenhang mit diesen Annahmen stehen Vorstellungen, ideologische Überzeugungen oder Unterstellungen, es gebe einen typischen Lebens- und Lernrhythmus für Kinder und Jugendliche, der als ein *„kind- und lerngerechter Zeitrhythmus pädagogisch förderlich"* sei (vgl. Kolbe, Rabenstein, Reh, 2006, S. 3). Als entscheidend für diese Annahmen erscheint somit die Frage, was denn genau mit einem kind- und lerngerechten Zeitrhythmus gemeint ist.

> *„Der für Kinder typische, „natürliche" Lernrhythmus stellt für uns die Basis dar, auf der wir die Stundenpläne und den Tagesablauf planen. An diesem Gedankenansatz orientieren wir unser ganztagsschulspezifisches Vorgehen."*
> (Aussage einer Sekundarstufenschulleiterin)

Bei einem Blick auf die Tagesheimschule von Harless ist u. a. der ideologisch geprägte Hintergrund der Diskussion um den Begriff der ‚Rhythmisierung' auffällig. Hier wird postuliert, dass der Mensch und vor allem das Kind bzw. der Jugendliche zu unterschiedlichen Tages- und Jahreszeiten unterschiedlich leistungsfähig sei; es gebe rhythmische Schwankungen: eine gleichmäßige Wiederkehr von Spannung, Entspannung und Ruhe sei daher erforderlich (vgl. Ludwig, 1993, S. 277). Diese Annahmen bzw. Vermutungen wurden im pädagogischen Kontext weiter verarbeitet, indem der Blick auf physiologische Aspekte ausgeweitet wurde.

Physiologische Leistungskurve

In den 1970er Jahren hatten Untersuchungen zu physiologischen Leistungskurven Konjunktur (vgl. u. a. Rutenfranz, 1977; Ortner, 1979). Anhand der Darstellung von Phasen eines Leistungshochs (z. B. im Verlauf des Vormittags), die unweigerlich in einem Leistungstief münden (häufig abgebildet im Rahmen eines allgemeinen Leistungstiefs in der Mittagszeit), wurden schulische Leistungsphasen von Kindern und Jugendlichen physiologisch begründet.

In dieser Zeit wurde jedoch bereits von Vorkämpfern der Ganztagsschule sowie von Verfassern ganztagsspezifischer Konzepte auf Unstimmigkeiten diesbezüglich verwiesen. Aufgrund der Tatsache, dass physiologische Leistungskurvenergebnisse einbezogen werden, könne nicht davon ausgegangen werden, dass Schülerinnen und Schüler in Ganztagsschulen einer höheren Belastung ausgesetzt sind als in Halbtagsschulen. Es gehe vielmehr um die Art und Weise des originären Unterrichtes. Auch auf einer 1973 stattgefundenen Tagung der Gemeinnützigen Gesellschaft Tagesheimschule unter Mitwirkung von Medizinerinnen und Medizinern wurde deutlich, dass der Einfluss des Verlaufs der physiologischen Leistungskurve auf das Lernen nicht so eindeutig ist, wie bis dato unterstellt wurde, sondern von verschiedenen Faktoren abhängig erscheint. So sei an dieser Stelle ausdrücklich auf die Bedeutung der didaktischen Ausgestaltung des Unterrichts verwiesen, die einen wesentlichen Einfluss auf das Lernen hat. Petersen (1959) verweist in diesem Zusammenhang darauf, dass der Ablauf der Tagesarbeitskurve keineswegs eine unabänderlich feststehende Größe sei, sondern von der pädagogischen Gestaltung der Arbeitsformen abhänge.

> *„Wenn ich unterrichte, entscheidet nicht die Platzierung meiner Stunde im Tagesablauf über den Erschöpfungsgrad der Schülerinnen und Schüler nach der Unterrichtsstunde, sondern die Art und Weise, wie ich meinen Unterricht gestalte.“*
>
> (Aussage eines Mathematiklehrers)

Nach wie vor ist der physiologische Leistungskurvenverlauf im pädagogischen Kontext ein wenig erforschtes Feld.

Der Begriff ‚Rhythmisierung‘ und somit die Bemühungen um eine Neugestaltung der Schule werden aufgrund der angeführten Argumente im schulpraktischen (und teilweise auch wissenschaftlichen) Diskurs vielfach in reformpädagogischem Sinne verwendet und interpretiert. ‚Rhythmisierung' wird dem Primat untergeordnet, dass Schule sich am Kind und am Leben orientiert, im Gegensatz zu einem systematisierten Lernen und einem Angebot, das sich an formeller Bildung orientiert (vgl. Kolbe, Rabenstein, Reh, 2006). Hierbei liegen Annahmen zugrunde, dass Kinder und Jugendliche einen „natürlichen" Rhythmus haben, der geprägt ist von weitgehend identischen An- und Entspannungsphasen bzw. Aktivitäts- und Ruhephasen. ‚Rhythmisierung' steht somit gewissermaßen als Metapher für den reformpädagogischen Kerngedanken einer kindgemäßen Lebensschule. Diesen Entstehungs- und Verwendungskontext gilt es jeweils bei der Anwendung des Begriffs zu berücksichtigen.

Die 45-Minutenstunde und die Überbürdungsklage

In Deutschland gibt es seit Anfang der 1890er Jahre den 45-Minutentakt in den Schulen. Andere Länder wie etwa Österreich unterrichten im 50-Minutentakt. Die (deutsche) 45-Minuten-Stunde stellt die Berechnungsgrundlage für die Stundentafeln, für die Höchststundenzahl der Schülerinnen und Schüler in den verschiedenen Jahrgängen und für die Arbeitszeit der Lehrkräfte dar. Kaum etwas ist so fest in der schulischen Tradition verankert wie die 45-Minuten-Stunde und kaum etwas ist mittlerweile so umstritten. Bereits um den Ausgangspunkt der 45-Minuten-Stunde gibt es Spekulationen. Sehen die einen den Ursprung in den mittelalterlichen Klosterschulen, in denen nach 45 Minuten Arbeit 15 Minuten gebetet werden sollte, so führen die anderen ihn auf die „Überbürdungsklage" zurück. Aufgrund dieser Klage sah sich die preußische Regierung Anfang der 1890er Jahre veranlasst, den Halbtagsunterricht und die noch heute häufig üblichen 45-minütigen Unterrichtsstunden einzuführen.

Die Überbürdungsklage ist auf das im 19. Jahrhundert entstandene humanistische Bildungsideal und seine Folgen zurückzuführen. Die Umsetzung dieses Bildungsideals – vor allem im höheren Bildungswesen – führte in der Konsequenz zu einer immer höher werdenden wöchentlichen Stundenzahl. Im Jahre 1830 entsprach dies einer Stundenzahl von knapp 40 vollen Zeitstunden pro Woche für Schüler der Höheren Schule (vgl. Lohmann, 1965, S. 28). In Preußen kamen noch täglich vorgesehene Hausaufgabenzeiten von bis zu drei Stunden in den unteren Klassenstufen und fünf Stunden in den oberen Klassenstufen hinzu. Außerdem galt es den vierfachen Schulweg zu berücksichtigen, der aufgrund der Teilung des Vormittags- und Nachmittagsunterrichts hinzukam. Die „Überbürdung" und damit zusammenhängende gesundheitliche Beeinträchtigungen, die die Schülerinnen und Schüler durch Schule und Hausaufgaben zu bewältigen hatten, waren das ausschlaggebende Argument für die Entwicklung zur Halbtagsschule und die damit verbundene Kürzung der 60-Minuten-Stunde auf eine 45-Minuten-Stunde. Es waren weniger Pädagogen als vielmehr Ärzte, die auf die Überarbeitung und Anstrengungen der Schülerinnen und Schüler hinwiesen und die Überbürdungsklage erhoben. Ihnen ist es zu verdanken, dass die für damalige Verhältnisse überbordende Belastung für Schülerinnen und Schüler aufgezeigt wurde, in das Bewusstsein der Öffentlichkeit kam und Ministerien gezwungen waren, sich mit der Frage zu beschäftigen, wie mit den gesundheitsschädlichen Einflüssen, bedingt durch die erhöhte Stundenzahl der Stundentafel, umzugehen ist. Konsequenz war, dass die bis dato „traditionelle Ganztagsschule" – eine Unterrichtsschule mit durch eine zweistündige Mittagspause geteiltem Unterricht am Vormittag und Nachmittag, eingeteilt in 60-Minuten-Stunden – verändert wurde in eine Halbtagsschule mit 45-Minuten-Stunden.

Die Pädagogen hatten in der Vergangenheit zwar das Überbürdungsproblem aufgerollt, jedoch befassten sich später nur noch Mediziner mit der Thematik. In der heutigen Situation übernehmen vor allem die Medien und Forscherinnen und Forscher diese Position. Die Forderungen der Mediziner umschlossen neben den gesundheitlichen Aspekten gravierende schulorganisatorische Änderungen, dennoch griffen die Pädagogen diese Fragen nicht auf. Lediglich Friedrich Paulsen ging 1880 in seiner „Geschichte des gelehrten Unterrichts" auf die Überbürdung ein und verwahrte sich dagegen, sie nur als Folge der Stofffülle und der zeitlichen Belastung durch Unterricht und Hausaufgaben zu sehen. Er betonte vor allem ihre pädagogischen Gründe und prangerte den Enzyklopädismus der höheren Schule an. Eine Änderung der Art und Weise der Stoffvermittlung sowie die Relevanz freizeitgestalterischer Elemente spielten keine Rolle. Die Argumente von Paulsen lassen sich durchaus auf heutige Verhältnisse, wie beispielsweise auf die Problematik der Verkürzung der Gymnasialzeit (G8), übertragen, die mit ihrer Stofffülle erneut für Verhältnisse wie zu Zeiten der Überbürdungsklage sorgen.

1.2 Rhythmen, Rhythmisierung und Takt

Wird heute von ‚Rhythmisierung' gesprochen, so ist dabei vielfach die Art und Zeitfolge der Tätigkeiten von Lehrkräften, von Kräften des weiteren pädagogisch tätigen Personals[1] und von Schülerinnen und Schülern während des Tagesablaufes gemeint (vgl. Messner, 1991, S. 54). Häufig geht der Blick im Zusammenhang mit ‚Rhythmisierung' ausschließlich auf Aspekte der *Organisation*, wie die Stundenplangestaltung, die Gestaltung des Tagesablaufes (mit Klingelzeichen oder ohne, die Gestaltung der Mittagspause, die personelle Organisation von Lernzeiten etc.) oder die Wochengestaltung (Planung der Setzung von unterrichtlichen und außerunterrichtlichen Angeboten).

> *„Im Rahmen der Rhythmisierung achten wir darauf, dass wir für die Schülerinnen und Schüler den Stundenplan so gestalten, dass sie nicht zu viel Unterrichtsstunden hintereinander haben, sondern auch schon mal eine AG oder ein Sportangebot dazwischen ist. Für die Nachbarschule ist das natürlich viel einfacher, denn sie haben sich entschieden, eine gebundene Ganztagsschule zu sein."*
>
> *(Grundschulleiterin)*

Oder aber der Fokus gilt eher *inhaltlichen und pädagogischen* Aspekten wie der Frage nach der Schaffung von Phasen der Entspannung und Anspannung beispielsweise während des einzelnen Schultages (hier kann die Zielrichtung u. a. Aspekte der Gesundheits- oder Bewegungslehre beinhalten). Andere Vorstellungen zielen eher auf ausschließlich unterrichtliche Aspekte wie etwa die Art und

1 Damit sind all jene Personen gemeint, die in Ganztagsschulen arbeiten, jedoch keine Lehrerausbildung durchlaufen haben, unabhängig davon, ob sie akademisch gebildet oder nicht gebildet sind oder ob sie eine Ausbildung haben oder nicht.

Weise des Unterrichtens während der einzelnen Unterrichtsstunde oder des einzelnen Unterrichtsblocks (Methodenvielfalt, individuelle Förderung etc.).

> *„Die Kinder finden es richtig toll, wenn ich den Unterricht rhythmisiere. Ich achte darauf, dass ich sie auf möglichst unterschiedliche Art und Weise an den Stoff heranführe. Die unterschiedlichen Lerntypen, die ich in den Klassen habe, machen es ja quasi erforderlich".*
>
> *(Deutschlehrer in einer Sekundarstufenschule)*

Dritte haben vielleicht eher den Umgang mit traditionellen Hausaufgaben bzw. Schulaufgaben im Blick, oder sie denken an die Beschäftigung mit Wochenplanarbeit und Kompetenzrastern, wenn sie von ‚Rhythmisierung' sprechen. Alleine diese Auswahl verdeutlicht bereits die vielfältigen Vorstellungen hinsichtlich des Rhythmisierungsbegriffs, die sowohl auf pädagogische als auch organisatorische Aspekte fokussieren und zudem jeweils unterschiedliche *Bereiche* und *Merkmale* beinhalten. Was bedeutet es nun, wenn Schulen beschreiben, dass sie sich mit der Thematik der ‚Rhythmisierung' beschäftigen bzw. beschäftigen wollen? Was ist gemeint, wenn Bildungsinstitutionen Fachtagungen zur ‚Rhythmisierung' anbieten? Worauf kann, soll und wird dabei fokussiert? Welche Dimensionen, Bereiche und Merkmale gilt es dabei zu beachten?

Rhythmen

Der ursprüngliche Begriff – Rhythmos – entstammt dem Griechischen und bedeutet Gleichmaß. Gemeint sind damit Begebenheiten und Ereignisse wie eine regelmäßige Wiederkehr bestimmter Vorgänge, gleichmäßig gegliederte Bewegungen, periodische Wechsel und das Fließen der Zeit. Autorinnen und Autoren wie Burk (2006), Heimann (1989), Höhmann & Holtappels (2006), Messner (1991), Schnetzer (2009) u. a. verweisen auf die grundlegende Bedeutung von Rhythmus für das Leben und die Lebewesen in vielfältigen Facetten. Beim Menschen bilden sich die zeitlichen Verläufe der Natur wie Tag, Monat, Jahr und der Wechsel von Tag und Nacht in Leistungsschwankungen ab. So nimmt auch der menschliche Körper an mannigfaltigen vorgegebenen, rythmischen Ordnungen teil.

Rhythmen können unterschieden werden in einerseits den „Eigenrhythmus“ oder „individuellen Rhythmus“, der sich für das Individuum im persönlichen Tempo und im Biorhythmus darstellt, und andererseits in die „größeren Rhythmen“, wie etwa jene, die sich auf die Jahreszeiten, die Monate oder einzelne Tage beziehen (vgl. Burk, 2006, S. 33). Der „Eigenrhythmus“ von Kindern und Jugendlichen kann auch quer zu den vorgegebenen „größeren Rhythmen“ (wie etwa der Wochenplan- oder der Tagesplangestaltung) liegen. Eine höchstmögliche Übereinstimmung der „größeren Rhythmen“ mit den individuellen Voraussetzungen der einzelnen Schülerin, des einzelnen Schülers („Eigenrhythmus“) – aber auch der Lehrkräfte und des weiteren pädagogisch tätigen Personals – muss eines der Ziele sein, das heute in Schulentwicklungsprozessen angestrebt werden soll. Den „Eigenrhythmus“ der Kinder und Jugendlichen gilt es demnach beispielsweise auf organisationaler Ebene altersbedingt zu berücksichtigen. So haben etwa Grundschulkinder andere Bedürfnisse als Pubertierende. Beispiel hierfür ist der größere Bewegungsdrang, aber auch ein höheres Schlafbedürfnis. Zeitfenster für Bewegung und aktive Spiele zur Verfügung zu stellen, erscheint zeitweise für jüngere Kinder dringlicher zu sein als für ältere Schülerinnen und Schüler. Andererseits ist der „Eigenrhythmus“ der Schülerinnen und Schüler im Hinblick auf die individuelle Förderung im Unterricht (aber auch bei den außerunterrichtlichen Angeboten) zu berücksichtigen. Sie nutzen u. a. Lernhilfen unterschiedlich, entwickeln Lernstrategien ungleich und haben verschiedenartige Strategien, Kontakt zu ihren Mitschülern im Rahmen von Teamarbeit aufzunehmen. Dies alles gilt es mit einzubeziehen.

Rhythmisierung

Nach Röthig (1990, S. 53) liegt die Bedeutung des Rhythmus für die Erziehung in

1. der Aufteilung und Gegliedertheit der Schulzeit,
2. der Wiederholung bestimmter Abläufe und Rituale,
3. der Betonung und Akzentuierung besonderer Aktivitäten und Ereignisse und
4. der Stetigkeit der zeitorganisatorischen Merkmale.

Rhythmus wird hier als Ablauf verstanden, bei dem die Bestandteile geordnet, gegliedert und aufeinander bezogen sind. Kinder und Jugendliche benötigen verlässliche Strukturen durch die zeitliche Abfolge von Aktivitäten, die ihnen Orientierung geben (Unterrichtsblöcke, Pausen zwischen den Blöcken, Mittagsfreizeit, Arbeitsgemeinschaften etc.). Zugleich benötigen sie flexible Elemente, die in den Tagesablauf integriert sind und sich im Wechsel von Konzentrations- und Zerstreuungsphasen, Lernarbeit, Spiel, Bewegung und Ruhe zeigen (Rituale innerhalb der Unterrichtsblöcke, frei wählbare Freizeitaktivitäten etc.). Die regelmäßigen Verläufe sind dabei durch bestimmte Akzentuierungen und Wiederholungen gekennzeichnet. Der Rhythmus nach Röthig beinhaltet folglich ordnende und gliedernde Elemente, gleichzeitig aber auch Spannungswechsel und Gegensätze. Anspannungs- und Entspannungsphasen werden kreiert.

Burk versteht unter ‚Rhythmisierung' die *„interne Lernstruktur innerhalb der vorgegebenen Unterrichtsblöcke"* (2005, S. 68). Diese wird jeweils von der unterrichtenden Lehrkraft und den Schülerinnen und Schülern der Lerngruppe gesteuert. Er unterscheidet zwischen der *„äußeren Rhythmisierung"* auf der Unterrichtsebene, wobei es um den Wechsel der Lehr- und Lernformen geht (z. B. Frontalunterricht, Wochenplanunterricht, Stationenlernen) und der *„inneren Rhythmisierung"* auf der Individualebene, hier hat er den inneren Rhythmus, den jeder Mensch hat, im Blick. Die ‚Rhythmisierung' lässt demzufolge Variationen zu und entspricht der internen Lernstruktur innerhalb des Unterrichts. Er nimmt in sein Modell den *„Takt"* als drittes Systematisierungskriterium auf.

Takt

Von einigen Autoren wird der Rhythmus im Sinne der Stetigkeit als *Takt* bezeichnet (vgl. u. a. Messner, 1991; Burk, 2005[2]) und auf das Sinnvolle einer Unterscheidung zwischen Rhythmisierung und Takt hingewiesen, um so den Rhythmisierungsbegriff besser fassen zu können.

Der Takt zählt demzufolge gleichbleibend und stellt die Beständigkeit in der zeitorganisatorischen Ordnung der Schule dar, oder mit anderen Worten aus-

2 Karl Heinz Burk kann als derjenige bezeichnet werden, auf dessen Ursprungsgedanken und Rhythmisierungsmodell sich ein Großteil der Autoren und Autorinnen (Holtappels, Höhmann, Schnetzer, u. a.) in ihren Publikationen beziehen.

gedrückt ist der Takt die *„schuleinheitlich festgelegte zeitliche Strukturierung"* (Burk, 2005, S. 68 und 2006, S. 96). Gemeint ist damit die Abfolge und Dauer von

- Unterrichtsstunden und -blöcken (z. B. 45 Min., 60 Min., 67,5 Min., 80 Min., 90 Min., 95 Min. etc.),
- Pausen (z. B. 5 Min., 10 Min., 20 Min., 40 Min. etc.),
- Mahlzeiten (z. B. 15 Min., 20 Min., 25 Min., 30 Min. etc.) und
- Öffnungszeiten (z. B. 7.00, 7.15, 7.30, 7.45, 7.50 Uhr etc.).

Der Takt fokussiert demnach auf organisatorische Aspekte wie die zeitliche Abfolge von Blöcken und Pausen.

1.3 Äußere, innere und individuelle Rhythmisierung

Im Hinblick auf eine eher undifferenzierte und inflationäre Nutzung des Begriffs ‚Rhythmisierung' und die Tatsache, dass im Praxisdiskurs der Begriff „Takt" häufig nicht verwendet und als Erklärungsansatz mit genutzt wird, erscheint es erforderlich und angebracht, den begrifflichen Vorschlag von Messner (1991) und Burk (2005), auf die sich einige Autorinnen und Autoren beziehen, im Hinblick auf die Rhythmisierungsthematik dieser Situation anzupassen. Sind bei ihnen auch die organisatorische Ebene (Takt), die pädagogische Ebene (äußere Rhythmisierung) und die individuelle Ebene des einzelnen Schülers/der einzelnen Schülerin (innere Rhythmisierung) berücksichtigt, so trägt die teilweise synonyme Nutzung der Begriffe *Takt* und *Rhythmisierung* zu einem hohen Grad an Verwirrung im Rahmen von (Schul-)Entwicklungsprozessen bei.

Vorgeschlagen seien an dieser Stelle als übergeordnete Strukturierungsmerkmale die Schul-, Unterrichts- und Individualebene, um darauf basierend organisatorische und inhaltliche bzw. pädagogische Aspekte sowie die individuelle Ebene, also die des einzelnen Schülers, der einzelnen Schülerin zu berücksichtigen bzw. zu bearbeiten.

Auf den Ebenen der Schule, des Unterrichts bzw. der außerunterrichtlichen Angebote und des Individuums werden folgende Bereiche und Ebenen unterschieden:

- *Äußere Rhythmisierung* auf der Schulebene
- *Innere (bzw. Binnen-) Rhythmisierung* auf der Unterrichtsebene und auf der Ebene der außerunterrichtlichen Angebote
- *Individuelle Rhythmisierung* auf der Ebene des einzelnen Kindes bzw. Jugendlichen

Äußere Rhythmisierung

Die *äußere Rhythmisierung* auf der Schulebene bezieht sich auf grundlegende pädagogische Entscheidungen wie die Einteilung des Tages in unterrichtliche und außerunterrichtliche Blöcke und Pausen, die Dauer der Blöcke bzw. das Minutenmodell, die Setzung von Entspannungsphasen im Tagesablauf etwa als freie und selbstbestimmt zur Verfügung stehende Zeit während der Mittagspause, die Entscheidung für außerunterrichtliche Angebote, die geeignete Lernangebote für einzelne Schülerinnen und Schüler offerieren, oder ein Lernen im Rahmen von Fächerstrukturen, die zusammengefasst werden. Es geht folglich um Entscheidungen, die über den Unterricht hinausgehen (siehe Teilkapitel 2.1).

> *„Wir haben andere Schulen besucht und geschaut, wie sie das machen. Die unterschiedlichen Minutenmodelle wie 60- oder 90-Minutenmodelle im Schulablauf zu erleben, war echt spannend. Die jeweiligen Vor- und Nachteile konnten wir so hautnah erleben und erfahren. Dass einige Schulen eher wenig Wert auf außerunterrichtliche Aktivitäten legten und sie diesen Bereich quasi als Stiefkind behandelten, war uns eine Lehre, denn in anderen Schulen wurde uns verdeutlicht, welch einen Einfluss dieser Bereich auf die Gesamtatmosphäre in der ganzen Schule hat. Allerdings muss man auch sagen, dass in diesen Schulen entwicklungsmäßig zu dem Zeitpunkt einfach andere Prioritäten gesetzt wurden und es doch eine Ressourcenfrage ist."*
>
> (Stellvertretende Schulleiterin)

Innere Rhythmisierung

Bei der *inneren Rhythmisierung* auf der Unterrichtsebene (bzw. der Ebene der außerunterrichtlichen Angebote) geht es um den Wechsel der Lehr- und Lernformen wie etwa Stationenlernen oder Wochenplanunterricht. Es geht aber auch um die Festlegung bestimmter Abschnitte innerhalb eines Unterrichtsblockes, beispielsweise um gelenkte Unterrichtsphasen mit Instruktion und Klassengespräch, ungelenkte Phasen selbstständiger und freier Arbeit oder die Festlegung von An- und Entspannungsphasen (z. B. individuell gesetzte Pausen etc.). *Innere Rhythmisierung* findet demzufolge im Unterricht und in den außerunterrichtlichen Angeboten vor allem bezogen auf Inhalte, Ziele, Lehrformen und didaktische Funktionen statt.

„Ich als Lehrerin entscheide doch, wie ich die Schülerinnen und Schüler beschäftige, wie ich sie mit einbeziehe oder ob ich sie nur als Konsumenten und somit Statisten an meinem Unterricht teilhaben lasse."

(Mathematik- und Physiklehrerin)

In jeder Unterrichtsstunde, aber genauso bei den außerunterrichtlichen Angeboten, wird dementsprechend „rhythmisiert". *Innere Rhythmisierung* ist sowohl auf der inhaltlichen (pädagogische Intention) als auch der organisatorischen Ebene (personelle Besetzung, Kooperation zwischen den Lehrkräften, zwischen den Lehrkräften und dem weiteren pädagogisch tätigen Personal etc.) zu bedenken (siehe Teilkapitel 2.1).

„Seit geraumer Zeit arbeiten wir im Rahmen von Jahrgangsteams. Das hat uns allen einiges abverlangt. Zusammenarbeit und Kooperation waren am Anfang gar nicht so einfach. Wir mussten Strategien für unsere Kooperation entwickeln, Regeln festlegen, aber auch lernen, über Dinge zu sprechen, die uns in der direkten Zusammenarbeit frustriert haben. Zwei Schritte vor und einer zurück – so ist es gelaufen. Aber es hat sich auch gelohnt."

(Steuergruppenmitglied)

Individuelle Rhythmisierung

Bei der *individuellen Rhythmisierung* geht es hingegen um den eigenen Rhythmus eines jeden Schülers bzw. einer jeden Schülerin und die daraus resultierende Steuerung der Lernprozesse durch jedes einzelne Kind/jeden Jugendlichen selbst. Beispielsweise die Art und Weise, wie Schülerinnen und Schüler Kontakt zu Mitschülern aufnehmen, wie vom einzelnen Kind und Jugendlichen Lernstrategien entwickelt und Lernhilfen wahrgenommen werden, aber auch, wie Entspannungsphasen individuell bewusst und unbewusst gestaltet werden. Deutlich zu beobachten ist dies in vorsätzlich zusammengesetzten Lerngruppen von Schülerinnen und Schülern mit unterschiedlichen Stärken und Schwächen. (Individuelle) Rhythmisierung findet folglich bei jedem Lernen statt (siehe Teilkapitel 2.1). Diese Form der Rhythmisierung stellt für Lehrkräfte die größte Herausforderung dar, gilt es hier auf möglichst viele Kinder und Jugendliche einer Klasse einzeln einzugehen. In vielen Grundschulen und Förderschulen wird dies bereits seit Jahren erfolgreich praktiziert, unterstützt durch vorhandene und erworbene Diagnosefähigkeiten der Lehrkräfte.

„Ihnen zu zeigen, wie sie lernen können und welche unterschiedlichen Strategien sie anwenden können, das sehe ich als eine meiner Hauptaufgaben. Aber natürlich auch, darauf einzugehen, dass die starken Schülerinnen und Schüler „Futter“ kriegen und die Schwächeren gezielt üben können. Das macht einen großen Teil meines Unterrichts aus. Und doch wird mir immer wieder klar, dass ich nicht allen gerecht werden kann und das frustriert mich auch.“

(Mathematik- und Physiklehrerin)

In der folgenden Abbildung 1 auf Seite 23 sind im Hinblick auf *‚Rhythmisierung‘* die Unterscheidungskriterien auf den unterschiedlichen Ebenen (Schule, Unterricht, Individuum) in den entsprechenden Bereichen (äußere, innere und individuelle Rhythmisierung) dargestellt, mit den dazugehörigen Merkmalen unterlegt und mit den ordnenden Lenkungsgruppen bzw. -individuen (System, Lehrkraft, weiteres pädagogisch tätiges Personal, Kind/Jugendliche) ausgewiesen.

Äußere Rhythmisierung	**Innere Rhythmisierung bzw. Binnenrhythmisierung**	**Individuelle Rhythmisierung**
ist die schuleinheitlich festgelegte Strukturierung	*ist die interne Lernstruktur innerhalb des Unterrichts/der außerunterrichtlichen Angebote*	*ist die individuelle Ausrichtung auf die einzelne Schülerin/den einzelnen Schüler*
SCHULEBENE	**UNTERRICHTS**EBENE/ EBENE der **AUSSERUNTERRICHTLICHEN ANGEBOTE**	**INDIVIDUAL**EBENE
• **Einteilung des Unterrichts in Blöcke und Pausen** • **Offener Anfang** • **Unterrichtsblöcke** • **Fächerstrukturen** • **Arbeitsgemeinschaften** • **(Frühstücks-)Pausen** • **Entspannungsphasen (z.B. Mittagsfreizeit)** • **gemeinsamer Wochenabschluss**	• **Bestimmt den Wechsel von Unterrichtsmethoden** • **Festlegung bestimmter Abschnitte innerhalb eines Unterrichtsblocks (Morgenkreis, Pausen, Abschlusskreis etc.)** • **Differenzierte Lehrmethoden innerhalb eines Unterrichtsblocks** • **Arbeitsphasen mit Freiarbeit; Wochenplan, Übungsphasen etc.**	• **Bestimmt die Steuerung von Lernprozessen durch die Schülerinnen und Schüler** • **Art und Weise der Kontaktaufnahme zu Mitschülern und Lehrkräften** • **Art und Weise von Teamarbeit** • **Nutzung von Lernhilfen** • **Entwicklung von Lernstrategien**
Gelenkt durch das **System** (Schulkonzept, Gremien)	Gelenkt durch die unterrichtende **Lehrkraft**/Lehrkräfte bzw. das weitere pädagogisch tätige Personal	Gelenkt durch das **Kind** bzw. den **Jugendlichen**
Bleibt gleichbleibend	**Lässt Variationen zu**	**Lässt Variationen zu**

eigene Darstellung

Abbildung 1: Rhythmisierungsmodell: Ebenen, Bereiche, Merkmale

1.4 Zusammenfassung

Eine Neugestaltung der Schule wird heute oftmals durch den Begriff der ‚Rhythmisierung' und mit den damit verbundenen Schulentwicklungsmaßnahmen umschrieben. Der Impuls für schulische „Rhythmisierungsüberlegungen" ist somit u. a. der Wunsch und die Notwendigkeit der Entwicklung eines lebendigeren Schullebens. Durch veränderte Tages-, Wochen- und Unterrichtsgestaltungen können und sollen verschiedene Lernsituationen und Lernarrangements sowohl auf der Ebene des Unterrichts als auch der von außerunterrichtlichen Angeboten zum Tragen kommen. Die Verwendung des vielschichtigen, undifferenzierten, allgemeinen Begriffes ‚Rhythmisierung' für unterschiedlichste Zielrichtungen im Rahmen der Ganztagsschulentwicklung hat sich jedoch als wenig praktikabel herausgestellt. Fehlende begriffliche Klärungen, mangelnde systematische Abgrenzungen verschiedener Ebenen und ungenügende Vorschläge für Bereichsklärungen (z. B. für die Schulorganisation, Lernorganisation, Personalorganisation) beschränken und behindern schulische Entwicklungsprozesse, aber auch wissenschaftliche Diskussionen.

Erschwerend im Umgang mit dem Rhythmisierungsbegriff wirkt zudem die vielfache reformpädagogisch geprägte Unterstellung im deutschen Diskurs, dass es die Aufgabe von Ganztagsschulen sei, den Schultag in einer am „natürlichen" Rhythmus des Kindes orientierten Art und Weise zu gestalten und dadurch eine bessere Verbindung von Schule und Leben zu schaffen. Die Argumentation dafür, was als kind- und lerngerechter Rhythmus definiert wird, bleibt dabei oftmals äußerst vage. Begründet wird die Forderung häufig mit Leistungsphasen, die im Tagesverlauf zu bestimmten Zeiten für die Schülerinnen und Schüler sehr unterschiedlich sein sollen. Eine Beweisführung bzw. Untermauerung der Forderung eines „natürlich" gestalteten Rhythmus im Tages- und Wochenablauf erscheint als wenig tragend, zumal Studien über physiologische Leistungskurven in der Regel eher aus dem medizinischen denn dem pädagogischen Kontext stammen. Die Orientierung an einer auf die Schülerinnen und Schüler ausgerichteten pädagogischen Gestaltung der Arbeitsformen bzw. des Unterrichts bietet hingegen die größeren und nachhaltigeren Chancen, Ganztagsschulen für Schülerinnen und Schüler so zu gestalten, dass sowohl der Wissenserwerb in der Schule gewährleistet ist als auch den Lernort als ansprechenden Lebensraum zu gestalten und zu begreifen.

In diesem Kapitel wurde neben der Darstellung der historischen Entwicklung der Versuch unternommen, eine überschaubare, in Bereiche eingeteilte und mit prägnanten Begriffen belegte Darstellung zu präsentieren, die zeigt, was „Rhythmisierung" im Rahmen von (Ganztags-)Schulentwicklungsprozessen ausmacht und worauf unter einem systematischen Blick fokussiert wird.

2. Ordnungsgrößen für Ganztagsschulentwicklungsprozesse

Deutschland verfügt durch das Föderalismusgesetz streng genommen über 16 verschiedene Schulsysteme. Dies führt dazu, dass das Verständnis von Ganztagsschule entsprechend den lokalen Bedingungen in den einzelnen Bundesländern variiert. Die Kultusministerkonferenz (KMK) hat 2003 durch eine einheitliche Definition für einen bundesweiten Minimalkonsens gesorgt. Zentral dabei sind die Unterscheidungen zwischen offener, gebundener und teilgebundener Ganztagsschule sowie die verbrachte Tages- und Stundenanzahl der Schülerinnen und Schüler in der Schule. Da Ganztagsschulen zu entwickeln einer Schulreform gleichkommt und die Qualitätsentwicklung im Vordergrund steht, stellt sich die Frage, an welchen *Merkmalen* und *Gestaltungsbereichen* sich Schulen orientieren können.

Die einzelnen Bundesländer haben in unterschiedlichen Ausprägungen Qualitätsstandards für Ganztagsschulen festgelegt (vgl. Menke, 2009, S. 40 ff.). Darüber hinaus kann auf Instrumente zur Qualitätsentwicklung in Ganztagsschulen zurückgegriffen werden, die sich wiederum an speziell ausgesuchten Bereichen und Merkmalen orientieren (z. B. QUIGS I und QUIGS II, SEIS, u. a.). Auch wurden von verschiedenen Wissenschaftlerinnen und Wissenschaftlern Publikationen mit unterschiedlichen Theoriemodellen zu Qualitätsbereichen von Schule und speziell für Ganztagsschule erstellt (z. B. Holtappels, 2009; Prüß, 2009). Allen aufgeführten Standards, Instrumenten und Theoriemodellen ist gemein, dass sie sich mit Qualitätsaspekten von Ganztagsschule befassen, jedoch keine einheitlichen Begrifflichkeiten verwenden. Über diese Formen- und Begriffsvielfalt hinweg erscheint es unbedingt erforderlich, sich auf gemeinsame Prägungen und eine Grundstruktur von Ganztagsschule zu verständigen sowie Wege zu einer formalen Systematisierung aufzuzeigen.

Am Institut für Schulentwicklungsforschung der TU Dortmund wurde bereits 2009 ein praxisorientierter Qualitätsrahmen für Ganztagsschulen entwickelt, der bundesweit einsetzbar ist (vgl. Holtappels, Kamski & Schnetzer, 2009, S. 61 ff.). In diesem Qualitätsrahmen wird als ordnende Größe unter anderem auf sechs *Organisationsmerkmale* und sieben *pädagogische Gestaltungsbereiche* (vgl. Holtappels, 1994 und 2006; Kamski, 2011) zurückgegriffen. In der praktischen Entwicklungsarbeit mit Schulen haben sich diese beiden Ordnungsgrößen als praktikabel und zweckmäßig erwiesen. Beinhalten sie doch im Rahmen von 13 überschaubaren Aspekten komprimiert sowohl pädagogische als auch organisatorische Inhalte, die es bei Ganztagsschulentwicklungsprozessen zu berücksichtigen gilt.

Im folgenden Kapitel sollen zum einen die *pädagogischen Gestaltungs- bzw. Zielbereiche* und andererseits die *Organisationsmerkmale* als ordnende System- bzw. Prägungsgrößen für Ganztagsschulentwicklungsprozesse vorgestellt werden, um so die ‚Rhythmisierung' an den schulpraktischen Ganztagsschulentwicklungsfeldern zu verdeutlichen.

Die folgende Abbildung 2 zeigt die *pädagogischen Gestaltungsbereiche* und *Organisationsmerkmale* von Ganztagsschule im Überblick:

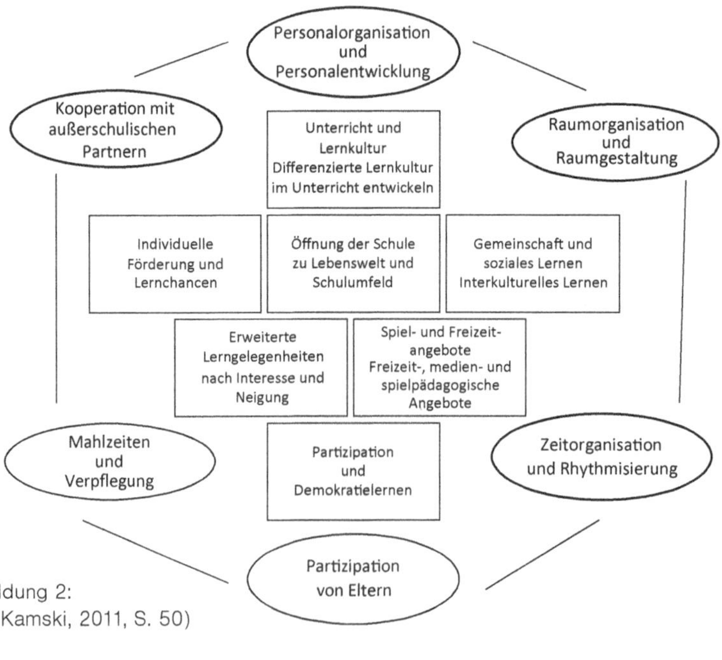

Abbildung 2:
(vgl. Kamski, 2011, S. 50)

2.1 Die pädagogischen Gestaltungsbereiche – pädagogische Chancen

Die *pädagogischen Gestaltungsbereiche,* auch Zielbereiche genannt, stellen die Kernelemente der Ganztagsschule dar. Sie dienen als Kennzeichen und Ausdruck originärer pädagogischer Ganztagsschulziele und bieten die Möglichkeit, den pädagogischen Kern der Ganztagsschule in seinen Inhalten begrifflich prägnant darzustellen. Ihre Bestimmung resultiert vor allem aus den Forderungen der Reformpädagogik und Elementen der „Playground-" und „Social Movement"-Bewegung (vgl. Lohmann, 1965) und wurde im Laufe der Entwicklung von verschiedenen Wissenschaftlern in unterschiedlichen Ausprägungen definiert (vgl. u.a. Ipfling, 1989, S. 8ff.; Bargel & Kuthe, 1991, S. 19; Ludwig, 2003, S. 41ff.; Holtappels, 2006, S. 7f.).

Pädagogische Gestaltungsbereiche

In den *pädagogischen Gestaltungsbereichen* vereinen sich inhaltlich all jene Aspekte, die es bei der konzeptionellen Planung und Umsetzung eines pädagogisch ausgeglichenen Schultages zu berücksichtigen gilt. Für Kinder und Jugendliche kann unter Beachtung der *pädagogischen Gestaltungsbereiche* eine „Lebensschule" statt einer ausschließlichen „Lernschule" entworfen und entwickelt werden. Ihre Bedürfnisse werden mit einbezogen und die wissenschaftlichen Erkenntnisse kommen bei der Umsetzung von Lerninhalten zum Tragen. Holtappels (1994) betrachtet die folgenden sieben *pädagogischen und konzeptionellen Gestaltungsbereiche* für ganztägige Schulen als grundlegend und bezeichnet sie 2006 als mittlerweile in der Praxis mehr oder weniger ausgeprägt und etabliert (vgl. Holtappels, 2006, S. 7f.).

Eine Auseinandersetzung, Vertiefung und Klärung der Begrifflichkeit der einzelnen Gestaltungsbereiche ermöglicht den Akteuren jeder Schule (Schulleitung, Steuergruppe, Gesamtkollegium), individuell ihre pädagogischen Ziele festzulegen, einen Plan zu erstellen und die Umsetzung zu überprüfen.

Im Anschluss werden die *pädagogischen Gestaltungsbereiche* genauer betrachtet. Damit soll ermöglicht werden, den einzelnen Gestaltungsbereich begrifflich „zu fassen“ und gleichzeitig den „Rhythmisierungsformen“ auf den unterschiedlichen Ebenen zuzuordnen (vgl. vorhergehendes Kapitel).

Folgende Fragen gilt es im Zuge der Definition der pädagogischen Gestaltungsbereiche für die jeweilige Einzelschule zu beantworten:

1. Was verstehen wir unter dem Begriff (z. B.: *Partizipation von Schülerinnen und Schülern*)? = einheitliche Klärung der Begrifflichkeit
2. In welchen Bereichen bzw. wo und wie setzen wir diesen pädagogischen Gestaltungsbereich bereits um (im Rahmen welcher Formate, welcher Beteiligungsschritte etc.)? = Ist-Stand-Analyse
3. Welche Bereiche sind uns im Rahmen dieses pädagogischen Gestaltungsbereiches darüber hinaus wichtig und welche wollen wir umsetzen bzw. realisieren? = Festlegung der Ziele
4. Welche Schritte und Maßnahmen sind erforderlich, um unsere anvisierten Ziele im Rahmen dieses pädagogischen Gestaltungsbereiches umzusetzen? = Maßnahmenplan mit Meilensteinen und Zeitleiste
5. Welche Evaluationsschritte müssen wir in welchen Zeitabständen einplanen, um unser Vorhaben hinsichtlich dieses pädagogischen Gestaltungsbereiches zu realisieren? = Evaluation

Dieses Fragencluster weist auf die Kernelemente von Qualitätsentwicklung in Schulen hin, die sich in die Bereiche Organisations-, Personal- und Unterrichtsentwicklung untergliedern lässt (vgl. Fullan, 1991; Holtappels, 2003; Rolff, 1999).

(1) Unterricht und Lernkultur

Weder der Unterrichts- noch der Personal- oder der Organisationsentwicklung (UE, PE, OE) kommt bei der Qualitätsentwicklung eine Priorisierung zu, denn sie stehen in einem vielfältigen Zusammenhang und ständigen wechselseitigen Beeinflussungen und können somit als systemisch miteinander verbunden betrachtet werden. Qualitätsentwicklung vollzieht sich demzufolge idealerweise auf allen drei Entwicklungsebenen. Sie sind ineinander verschränkt und verweisen auf den hohen Grad der Notwendigkeit der Kooperation der beteiligten Akteure. Das Drei-Wege-Modell der Schulentwicklung – die Trias der Schulentwicklung (OE-UE-PE) von Rolff veranschaulicht diesen Zusammenhang (vgl. Rolff, 1998).

Unterricht als Kerngeschäft von Schule und die Entwicklung der damit verbundenen Lernkultur stellen herausragende Anforderungen an Schulen dar. Im Zuge der Entwicklung und Prozesse der Unterrichtsentwicklung sind folgende Schritte zu berücksichtigen (nach Holtappels, 2009):

1. **Analyse der Ausgangssituation**: Unterrichtsbilder, Schülervoraussetzungen, Lernergebnisse
2. **Zielklärungen**: Leitbilder, Grundorientierungen, Standards
3. **Inhalts- und Methodenrepertoire**: Bestandsaufnahme und Überprüfung der didaktisch-methodischen Kompetenzen
4. **Planung und Erprobung von Unterrichtsvorhaben**: Inhalte und Methoden, Lernorganiastion
5. **Evaluation**: Lernorganisation, Unterrichtsprozesse und Ergebnisse

Da sich die Lernwelt der Schülerinnen und Schüler kontinuierlich verändert und auch die Ergebnisse aus der PISA-Studie zu einer Reform des Bildungswesens geführt haben, die sich u. a. in der Entwicklung von Ganztagsschulen niederschlägt, werden neue Ansätze in der Didaktik und Methodik erforderlich. Der Gestaltungsbereich *Unterricht und Lernkultur* fokussiert vor allem auf die Differenzierung der Lehr-Lernformen und somit die Unterrichtsentwicklung im originären Sinne.

Die Erstellung von veränderten Unterrichtskonzeptionen kann zum Beispiel durch methodische Veränderungen, den Einsatz von Wochenplänen und Portfolioarbeit, die Arbeit mit Kompetenzrastern, Selbstlernmaterialien und die Dokumentation des individuellen Lernerfolgs in Lernbegleitern unterstützt werden. Die Ganztagsschule bietet große Chancen durch die vermehrte Zeit, die in Schulen verbracht wird, Ruhe in den Tag und damit in die Bildungs- und Erziehungsprozesse zu bringen. Innerhalb des Schultages kann die Unterrichtszeit im Rahmen verschiedener neuer Taktungsmodelle (z. B. 60-Minutenmodell, 80-Minutenmodell etc.) etabliert werden. Dabei kann ein großer Vorteil dieser größeren zur Verfügung stehenden Unterrichtseinheiten in einer Entschleunigung für Lehrkräfte und Schülerinnen und Schüler liegen (weniger Raumwechsel, weniger Vorbereitungszeit, weniger Nachbereitungszeit, weniger bzw. keine Hausaufgaben etc.).

Eine damit einhergehende veränderte Unterrichtskultur in ganztägigen Schulen beeinflusst auch die Rolle der Lehrkraft. Die Aufgaben verändern sich. Lernprozesse werden nunmehr begleitet und moderiert. Über die Fachkompetenz hinaus sind soziale Kompetenzen und Moderationskompetenzen, persönliches Engagement und Zusatzqualifikationen für die Lehrkräfte erforderlich.

„Als wir plötzlich im 90-Minutentakt unterrichten mussten, habe ich bemerkt, dass ich die Lebenswelt meiner Schülerinnen und Schüler gar nicht mehr kannte. Meine Kinder sind aus dem Haus, und beim 45-Minutenunterricht habe ich gar nicht bemerkt, dass es ja vorteilhaft wäre, wenn ich mehr von den Schülerinnen und Schülern mitkriegen würde. Im 45-Minutenmodus hatte ich meine Routine. Aber 90 Minuten am Stück sind was anderes. Die frusten anfangs und zwingen zum Umdenken. Sie bieten aber auch Chancen für meinen Unterricht, aber das bedeutet natürlich, dass ich mich nochmal reinknien musste. Eine Schülerin sagte mir, ich soll doch im Internet die sozialen Netzwerke nutzen. Das fänden sie als Schüler gut und würde mir bestimmt auch was bringen. Ich kann Ihnen sagen, dass mich das eine gewaltige Überwindung gekostet hat, aber heute möchte ich diese Quelle von Informationen durch meine Schüler für meinen Unterricht und die Gelegenheit, Unterrichtsinhalte bzw. -aufgaben zu deponieren, nicht mehr missen.“

(Klassenlehrer, Jahrgangsstufe 8)

Das Lehr-Lern-Verständnis in einem veränderten Unterricht erfordert eine neue konstruktivistische, schüleraktivierende Haltung. Diese Orientierung weicht von der traditionellen Lehrerrolle erheblich ab, denn in vielen Lernphasen wird den Schülerinnen und Schülern ein höheres Maß an Selbstbestimmung zugestanden. Die Rolle der Lehrkraft ähnelt dabei immer mehr der eines Beobachters und Prozess- bzw. Lernbegleiters.

Für eine Überprüfung und eventuelle Veränderung des Gestaltungsbereichs *Unterricht und Lernkultur* bedeutet dies, sich der Beantwortung des folgenden Fragenkatalogs zuzuwenden.

Fragen für die Einzelschule

Was verstehen WIR unter dem Gestaltungsbereich ***Unterricht und Lernkultur***?

Welche pädagogischen Ziele verfolgen WIR, wenn wir uns diesem Gestaltungsbereich zuwenden?

Was davon setzen WIR bereits um?

Was wollen WIR zukünftig umsetzen? (Prioritätensetzung)

Wie wollen WIR diese Ziele realisieren? (Entwicklungsvorhaben, Auftrag, Erfolgskriterien)

Welche Instrumente und Schritte der Evaluation wenden WIR dafür an?

Die obigen Fragen weisen bereits auf die unterschiedlichen Rhythmisierungsformen hin, deren Bearbeitung auf der Schul-, Unterrichts- oder Individualebene stattfindet. Ausschlaggebend für die Beschäftigung mit dem Gestaltungsbereich (bzw. -bereichen) ist der jeweilige Stand der Entwicklung des Themas.

HINWEIS

Um den Gestaltungsbereich *Unterricht und Lernkultur* (sowie *Förderung und Lernchancen*) klarer fassen zu können, ist es für die Einzelschule infolgedessen erforderlich, das Themenfeld der Unterrichtsentwicklung näher zu betrachten. Dazu muss vorab eine **Ist-Stand-Analyse** erfolgen. Es gilt unter anderem zu klären, auf welche Art und Weise in den einzelnen Klassen und Klassenstufen unterrichtet wird und welche **Zielvorstellungen** damit verbunden sind. Wie kann es möglich sein, zukünftig die Unterrichtsgestaltung an der Einzelschule nach einer **gemeinsamen Zielgestaltung** auszurichten und sich auf einen (Minimal)konsens zu einigen? Welche Teams (Klassen-, Jahrgangs-, Stufenübergreifende Teams, Fachteams) sollen zukünftig zusammenarbeiten? Wer **plant, moderiert und begleitet** den **Gesamtprozess** unter welchen Bedingungen? Usw.

(2) Partizipation und Demokratielernen

Schulen haben die Möglichkeit, ihre Schülerinnen und Schüler in unterschiedlichen Bereichen am Schulleben zu beteiligen. Das Schulleben bietet die Chance für aktive Mitbestimmung und soziale Verantwortung. Dafür muss die Einzelschule vorab für sich entscheiden, was genau sie unter der *Partizipation von Schülerinnen und Schülern* versteht bzw. welche Bereiche im Rahmen einer Konzeptentwicklung realisiert werden sollen und können.

Formen der Beteiligung

Aus der Sicht von Kindern und Jugendlichen eröffnet Partizipation

1. die Möglichkeit zur Übernahme sozialer Verantwortung (z. B. als Schülerlotsen)
2. die Gelegenheit zur Förderung ihrer moralischen und kognitiven Urteilsfähigkeit (z. B. als Streitschlichter)
3. die Chance, Kenntnisse und Fähigkeiten in demokratischer Gestaltungskompetenz zu erlangen (z. B. als Klassenratsmitglieder, Schülerparlamentsmitglieder)
4. die Aussicht zur Mitbestimmung bzw. -gestaltung bei schulischen Entscheidungen und Entwicklungsprozessen (z. B. im Rahmen von Fragebogenaktionen zur Erhebung der Wünsche und Bedürfnisse der Schülerinnen und Schüler oder bei „Zukunftskonferenzen“, in denen ihre Visionen für eine Lebensschule entwickelt werden).

Partizipation von Schülerinnen und Schülern fokussiert folglich auf die

- Beteiligung im Rahmen von Angeboten und Formaten, die von Schülerinnen und Schülern für Schülerinnen und Schüler gemacht werden (z. B. Mentoren für jüngere Kinder und Jugendliche)
- Beteiligung im Rahmen von Demokratielernen (z. B. Aufbau eines Schülerparlamentes)
- Beteiligung im Rahmen der Gelegenheit für Rückmeldungen und Entwicklung von Ideen (z. B. Wünsche an die Schulleitung, Feedback für die Lehrkräfte, Feedback für unterrichtliche und außerunterrichtliche Angebote, Mitspracherecht bei Ausflugszielen usw.)

Für die Einzelschule ist es wichtig, eine Bestandsaufnahme zu machen, zu entscheiden, welche Elemente von Beteiligung in welcher Form für die Schülerinnen und Schüler angeboten werden sollen und können und wer für die Organisation und Koordination maßgeblich verantwortlich ist. Dies hängt in der Regel von den zur Verfügung stehenden (personellen und materiellen) Ressourcen ab.

Informationen für die Schülerinnen und Schüler

Um die Schülerinnen und Schüler am Schulleben aktiv zu beteiligen, ist es erforderlich, dass diese über die Ideen und Konzepte informiert sind, die die Schule in dieser Hinsicht verfolgt.

„Als ich vor drei Jahren an diese Schule kam, habe ich nach und nach erfahren, was wir als Schüler hier alles machen können. Wir werden hier ernst genommen. Na ja, das Klassensprecherprinzip kannte ich vorher schon. Aber dass man auch mitbestimmen kann bzw. über Probleme oder Wünsche, die wir haben, auch diskutieren – so was war mir neu. Bei uns gibt es ein Schülerparlament mit allem Drumherum. Also Präsidentin, Sitzungen, Wortmeldungen und so. Wir dürfen auch alle, wenn wir wollen, an den pädagogischen Tagen teilnehmen. Das ist mal richtig interessant. Da kann man auch seine Meinung sagen und die fragen uns auch. Und diese Dinge wie Schülerlotsen und Streitschlichter, die sind ja bekannt und das machen viele Schulen und das finde ich jetzt nicht unbedingt besonders."

(Lena, Klassensprecherin, 14 Jahre)

Um den pädagogischen Gestaltungsbereich *Partizipation und Demokratielernen* im Zuge der Entwicklung zu einer Lebensschule nutzbar zu machen, sind folgende Fragen für die Einzelschule zu klären:

Fragen für die Einzelschule (Schulleitung, Steuergruppe, AG, Kollegium etc.)

Was verstehen WIR unter dem Gestaltungsbereich ***Partizipation und Demokratielernen***?

Welche pädagogischen Ziele verfolgen WIR, wenn wir uns dem diesem Gestaltungsbereich zuwenden?

Was davon setzen WIR bereits um?

Was wollen WIR zukünftig umsetzen? (Prioritätensetzung)

Wie wollen WIR diese Ziele realisieren? (Entwicklungsvorhaben, Auftrag, Erfolgskriterien)

Welche Instrumente und Schritte der Evaluation wenden WIR dafür an?

Und was bedeutet das im Rahmen der Rhythmisierungsthematik?

Die Umsetzung der Beteiligung von Schülerinnen und Schülern am Schulleben kann je nach Entwicklungsstand der „inneren Rhythmisierung" zugeordnet werden, indem beispielsweise das Konzept hierfür erarbeitet wird, also die pädagogische Intentionen der Schule geklärt werden, die Formate inhaltlich definiert und ausdifferenziert werden (z. B. ein Mentorenmodell von Schülerinnen und Schüler für Schülerinnen und Schüler) und somit auf der Unterrichtsebene bzw. der Ebene der außerunterrichtlichen Angebote eingestuft sind. Die Bestrebungen können aber auch in die „äußere Rhythmisierung" eingeordnet werden, wenn dieses Format im Rahmen der Stundenplan- bzw. Monats- oder Halbjahresplanung berücksichtigt wird, oder in die „individuelle Rhythmisierung", wenn das Zentrum der Arbeit auf den/die individuelle Schüler/in mit seinen/ihren jeweiligen Bedürfnissen, Fähigkeiten und Möglichkeiten ausgerichtet ist.

Die *Beteiligung von Schülern und Schülerinnen* zielt auf die Ausbildung aktiver und verantwortungsbewusster Mitglieder des Gemeinwesens. Dafür sollen Schulen Möglichkeiten zur Mitbestimmung schaffen, um so Verantwortungsübernahme üben zu können und demokratisches Verhalten praxisnah zu erproben (vgl. Bettmer, 2009). Organisatorisch ist es für Ganztagsschulen erforderlich, verantwortliche und mit entsprechenden Kompetenzen ausgestattete Personen zu benennen, die für die Ausgestaltung der Partizipation von Schülerinnen und Schülern verantwortlich sind.

(3) Öffnung der Schule zu Schulumfeld und Lebenswelt

Ziel einer sich öffnenden Schule ist, die Innenwelt einer ganztägigen Schule für die Schülerinnen und Schüler zu erweitern, indem die Schule sowohl nach außen als auch nach innen geöffnet wird. Der ehemals geschlossene Kosmos Schule, in dem sich überwiegend Schülerinnen und Schüler und Lehrkräfte aufhalten, soll sich zum Schulumfeld und zur Lebenswelt hin öffnen. Diese Konzepte haben ihren Ursprung in britischen und amerikanischen Formen der „community education". Die ganztägige Schullebensgestaltung erfährt durch eine Öffnung der Schule nach außen und innen eine beträchtliche Erweiterung. Einerseits sollen außerschulische Lernorte aufgesucht und genutzt werden (z. B. Museen, Bibliotheken, Altenheime usw.). Andererseits sollen Experten und Expertinnen von außen in die Schule geholt werden (z. B. Einladung von Zeitzeugen aus der NS-Zeit für Vorträge usw.).

Zusammengefasst sind folgende Aspekte in die Überlegungen zur Öffnung der Schule mit einzubeziehen:

- außerschulische Lernorte erschließen
- außerschulische Experten einbeziehen
- mit soziokulturellen Organisationen kooperieren
- Schulnachbarn sozial begegnen
- gemeinwesenorientierte Unterrichtsinhalte verfügbar machen
- schulische Angebote im Freizeitbereich ermöglichen

Der verlängerte Zeitraum, den Kinder und Jugendliche in Ganztagsschulen verbringen, kann somit zu einer räumlichen, einer inhaltlichen und einer methodischen Öffnung führen:

- *räumliche* Öffnung, indem das Schulgelände verlassen wird und außerschulische Lernorte wie etwa Museen, Bibliotheken, usw. aufgesucht werden, zudem werden Expertinnen und Experten von außen in die Schule eingeladen.
- *inhaltliche* Öffnung, indem der Fächerkanon erweitert bzw. in einer neu-

en Form strukturiert wird, z. B. durch Unterrichtseinheiten zur Wohnsituation, zum Gewässerschutz oder zu Lebensproblemen alter Menschen.

- einer *methodische* Öffnung, indem die ehemals überwiegenden Frontalphasen des Unterrichts ergänzt werden durch projektartige Lernarrangements und weitere Varianten.

Wenden sich Schulen dem Entwicklungsfeld „Öffnung der Schule“ zu, und fokussieren dabei auf eine *inhaltliche*, *methodische* und *räumliche* Öffnung, so ist diese Entwicklungsarbeit je nach Stand der Entwicklung und Schwerpunktsetzung auf der Ebene der Schul- bzw. strukturellen Organisation, der Ebene des Unterrichts (und der außerunterrichtlichen Angebote) sowie der Individualebene bzw. der des einzelnen Schülers/der einzelnen Schülerin angesiedelt und somit einzelnen Rhythmisierungsformen zuzuordnen.

„Wir gehen mit unseren Kindern in das Altersheim nebenan und haben dort Patenschaften von den Kindern für die einzelnen Bewohner initiiert. Wir nennen sie Tandems und es hat sich ganz wunderbar entwickelt. Unsere Schülerinnen und Schüler lernen durch den Austausch ganz neue Lebenswelten kennen. Durch die Erzählungen erfahren sie Dinge, die wir im Unterricht aufgreifen. Die meisten alten Menschen kennen noch Gedichte, die sie auswendig können. Das haben wir zum Anlass genommen, dieses Thema im Deutschunterricht, aber auch im Geschichtsunterricht zur Lebensphase der älteren Menschen intensiv aufzugreifen. Und so könnte ich viele Beispiele nennen, die im Rahmen dieser Kooperation unglaublich bereichernd für unsere Schule sind.“

(Klassenlehrerin der Jahrgangsstufe 6)

Fragen für die Einzelschule

Was verstehen Wir unter dem Gestaltungsbereich ***Öffnung der Schule*** *zu Lebenswelt und Schulumfeld*?

Welche pädagogischen Ziele verfolgen Wir, wenn wir uns diesem Gestaltungsbereich zuwenden?

Was davon setzen WIR bereits um?

Was wollen WIR zukünftig umsetzen? (Prioritätensetzung)

Wie wollen WIR diese Ziele realisieren? (Entwicklungsvorhaben, Auftrag, Erfolgskriterien)

Welche Instrumente und Schritte der Evaluation wenden WIR dafür an?

Und was bedeutet das im Rahmen der Rhythmisierungsthematik?
Am Beispiel der methodischen Öffnung der Schule soll die Bedeutung im Hinblick auf die konzeptionelle bzw. organisationale Gestaltung abgebildet werden: Entscheidet sich die Schule für eine *methodische* Öffnung z. B. im Rahmen von Projektlernen, ist die einzelne Phase des Entwicklungsstandes entscheidend für die Zuordnung zu einer Rhythmisierungsform. So ist die inhaltliche Konzeptentwicklung für Projektlernen der „inneren Rhythmisierung“ zuzuordnen, da in diesem Zusammenhang die interne Lernstruktur für diese Form des Lernens festgelegt wird. Wird zudem der Blick auf die einzelnen Lerntypen bzw. das einzelne Kind im Rahmen der Konzeptentwicklung für das Projektlernen gerichtet, so ist die Form der „individuellen Rhythmisierung“ gegeben. Die Platzierung des Formates bzw. Angebotes im Wochenablauf entspricht den Arbeits- bzw. Entwicklungsschritten im Rahmen der „äußeren Rhythmisierung“.

(4) Gemeinschaft und soziales Lernen

Ganztagschulen bieten die Chance, über den Unterricht hinaus Gemeinschaft und soziales Lernen zu fördern und somit soziale Kompetenzen und soziale Beziehungen zu pflegen (vgl. auch Kapitel 5). Über Gruppenerfahrungen, Verbundenheit und Einsatzbereitschaft können soziale Kontakte entwickelt, Freundschaftsbeziehungen gefestigt und Sozialbeziehungen zwischen Schülerinnen und Schülern, Eltern und Lehrkräften verbessert werden. Begegnungen können in ungezwungenen Freizeitformen, wie etwa bei sportlichen Aktivitäten und in Schülercafés, bei Gemeinschaftsveranstaltungen wie Schulfesten, aber auch der gemeinsamen Mittagsmahlzeit stattfinden. Schulen müssen überlegen, was ihnen bei gemeinschaftsstiftenden und begegnungsfördernden Formaten wichtig ist. Sind es Solidarität, Toleranz und Verständigung? Wollen Schulen darüber hinausgehende Ziele – wie beispielhaft im Folgenden beschrieben – festlegen?

Beispiel – das Mittagessen:

Geht es darum, den Schülerinnen und Schülern lediglich die Möglichkeit zu bieten, eine Mahlzeit einzunehmen oder wird Wert darauf gelegt, dies in einer toleranten und solidarischen Atmosphäre zu ermöglichen? (Regeln, Rituale, etc.) Oder sollen die Kinder und Jugendlichen die Gelegenheit erhalten, in einer Tischsituation gemeinsam mit Erwachsenen zu essen und darüberhinaus Kulturtechniken – wie das Essen mit Messer und Gabel – erlernen und üben? Sollen sich die Schülerinnen und Schüler aus Schüsseln selbstständig entsprechend ihrem Hungergefühl bedienen können, anstatt als Tellergericht die Speisen gereicht zu bekommen? Ist das Ziel der Schule, den Kindern und Jugendlichen Werte wie „Rücksicht nehmen" zu vermitteln? Soll dies im Rahmen von stabilen Tischgruppen erfolgen, indem sie täglich mit denselben Tischnachbarn essen? Viele Kinder und Jugendliche kennen in ihren Familien keine geregelten Mahlzeiten. Zum Teil bleibt die Schule der einzige Ort, an dem Schülerinnen und Schüler Tischsituationen mit anderen Personen erleben. Die Aufgaben von (Ganztags-)Schulen haben sich mit der Veränderung der Gesellschaft erweitert. Inwiefern Schulen darauf eingehen und eingehen können, hängt von vielen Aspekten wie etwa der Personalsituation, finanziellen Ressourcen, aber auch dem Verständnis der eigenen Rolle ab.

Für Schulen stellt sich die Aufgabe, klar zu benennen, welche Felder sie exakt unter dem pädagogischen Gestaltungsbereich *Gemeinschaft und soziales Lernen* subsumiert und welche (pädagogischen) Ziele dabei verfolgt werden sollen.

Durch die Auseinandersetzung mit dem Gestaltungsbereich *Gemeinschaft und soziales Lernen* wird Schule als Raum für Begegnung und soziales Miteinander deutlich. Soziale Kompetenzen und Beziehungen können gezielt gestärkt werden. Ganztagsschulen bieten somit vielfältige Möglichkeiten für das Erleben von *Gemeinschaft und sozialem Lernen.*

Fragen für die Einzelschule

Was verstehen WIR unter dem Gestaltungsbereich ***Gemeinschaft und soziales Lernen***?

Welche pädagogischen Ziele verfolgen WIR, wenn wir uns diesem Gestaltungsbereich zuwenden?

Was davon setzen WIR bereits um?

Was wollen WIR zukünftig umsetzen? (Prioritätensetzung)

Wie wollen WIR diese Ziele realisieren? (Entwicklungsvorhaben, Auftrag, Erfolgskriterien)

Welche Instrumente und Schritte der Evaluation wenden WIR dafür an?

Und was bedeutet das im Rahmen der Rhythmisierungsthematik?
Wie bereits bei den weiter vorne beschriebenen Gestaltungsbereichen, hängt die Zuordnung zu einer Rhythmisierungsform vom Stand der organisatorischen und pädagogischen Entwicklung des Bereiches ab. Grundlegende organisatorische Überlegungen wie die zeitliche Platzierung im Tagesablauf können der „äußeren Rhythmisierung" zugeordnet werden. Die inhaltliche Ausgestaltung beispielsweise eines Formates, das das Ziel des kulturellen Lernens verfolgt, kann als Form der „inneren Rhythmisierung" bezeichnet werden. Geht der Blick gezielt auf das einzelne Kind im Rahmen dieses Angebotes, ist „individuelle Rhythmisierung" gegeben.

(5) Spiel- und Freizeitangebote

Ganztagsschulen sehen für Kinder und Jugendliche einen Aufenthalt in einer Kernzeit von 08.00 Uhr bis 15.00 Uhr bzw. 16.00 Uhr vor. Dieser Zeitrahmen verführt dazu, den gesamten Aufenthalt der Schülerinnen und Schüler zu verplanen. Diese benötigen jedoch auch Zeit, die sie frei nutzen bzw. gestalten können, da eine Verplanung des gesamten Tagesablaufes dazu führen kann, dass Kinder und Jugendliche Schwierigkeiten haben, freie Zeiten selbstständig auszufüllen (pädagogische Intention: „Langeweile künstlich erzeugen"). Vor allem die Mittagspause bietet sich dafür an. In einigen Bundesländern ist der Zeitrahmen für die Mittagspause durch Erlasslage festgelegt (z. B. in NRW 60 Minuten). Bei entsprechender Organisation benötigen Kinder und Jugendliche für das Mittagessen ca. 15 bis 20 Minuten. Somit verbleiben in NRW-Schulen noch 40 Minuten für freie Zeit.

Ungebundene Freizeit

Diese Zeit sollte von Kindern und Jugendlichen im Rahmen einer „ungebundenen" Freizeit genutzt werden können (vgl. Kapitel 5). Dafür überlegen Schulen sich Bewegungs- und Entspannungsangebote, die die einzelnen Schülerinnen und Schüler je nach Typ und Temperament wahrnehmen können (z. B. die Nutzung des Schulhofes, der Turnhalle, von Ruheplätzen, Angeboten für Gesellschaftsspiel etc.). Hierfür sind Personen (z. B. Lehrkräfte, externe Partner, Eltern, ältere Schülerinnen und Schüler) anwesend, die Unterstützung, Hilfestellungen und Anregungen bieten. Die Kinder und Jugendlichen können diese unverplante Zeit entsprechend den Möglichkeiten und Vorgaben der Schule nach eigenem Gutdünken nutzen. Je nach Altersklasse und Schulform bzw. Stundentafel stehen den Schülerinnen und Schülern über diese Mittagszeit hinausreichend Zeiträume für Spiel- und Freizeitangebote zur Verfügung.

> *„Dass ich nach dem Mittagessen nicht auf den Schulhof muss, finde ich super. Ich hab einfach keine Lust rumzurennen oder mich auf eine Bank im Hof zu setzen. Wir haben da einen echt tollen Raum zum Chillen. Da leg ich mich aufs Sofa, kann Musik hören und keiner macht mich blöd an, ich soll jetzt dies oder das machen. Und wenn wir dann noch 'ne Stunde haben, ist das o.k. und ich bin total entspannt."*
>
> (Klara, 11 Jahre)

Gebundene Freizeit

Der Freizeitbereich sollte zudem ein auf den Bedarf der entsprechenden Alterskohorte ausgerichtetes Angebot an Kursen und Arbeitsgemeinschaften in Form einer „gebundenen" Freizeit bereithalten. Angebote im Rahmen der „gebundenen" Freizeit verfolgen die Absicht, Schülerinnen und Schülern über einen bestimmten Zeitraum gestalterische, handwerkliche, musische und sportliche Aktivitäten zu ermöglichen, wovon sie für den von der Schule bestimmten Zeitraum ein Angebot wählen und verlässlich daran teilnehmen müssen.

> *„Wir fragen am Ende eines jeden Schuljahres, wie ihnen die Angebote gefallen haben, was sie verbessern würden und was sie sich Neues wünschen. Das ist sehr gewinnbringend für unsere Planung. Allerdings muss man sagen, es ist auch nicht immer zielführend. Wir haben schon Wünsche der Schülerinnen und Schüler aufgenommen, haben mühsam AG-Anbieter zum gewünschten Thema gesucht und einen irren Aufwand betrieben, bis wir das Angebot machen konnten – und dann hat es keiner angewählt. Auch damit muss man leben."*
>
> (Ganztagskoordinatorin)

Der Freizeitbereich sollte folglich Formen der „gebundenen" und „ungebundenen" Freizeit beinhalten. Den Kindern und Jugendlichen wird dadurch ermöglicht, selbstbestimmt frei wählbare Angebote in Anspruch zu nehmen, die sie verpflichtend für einen bestimmten Zeitraum wahrnehmen müssen und andere fakultativ wahrnehmen können. Hilfreich ist es, eine größtmögliche Transparenz über die Angebote zur Verfügung zu stellen, indem Informationen

- zum Inhalt und Ablauf,
- zur Gruppengröße,
- zur Gruppenzusammensetzung (heterogen, homogen),
- zum Anbietenden,
- zu den Anmeldemodalitäten und
- zum Zeitpunkt und Veranstaltungsort

vorab verfügbar sind.

Fragen für die Einzelschule

Was verstehen WIR unter dem Gestaltungsbereich ***Spiel- und Freizeitangebote***?

Welche pädagogischen Ziele verfolgen WIR, wenn wir uns diesem Gestaltungsbereich zuwenden?

Was davon setzen WIR bereits um?

Was wollen WIR zukünftig umsetzen? (Prioritätensetzung)

Wie wollen WIR diese Ziele realisieren? (Entwicklungsvorhaben, Auftrag, Erfolgskriterien)

Welche Instrumente und Schritte der Evaluation wenden WIR dafür an?

Und was bedeutet das im Rahmen der Rhythmisierungsthematik?
Die konzeptionelle Entwicklung und Umsetzung des Freizeitbereiches (in sowohl gebundener als auch ungebundener Form) ist wie bei den vorhergehend beschriebenen pädagogischen Entwicklungsbereichen entsprechend dem Stand der Entwicklung den unterschiedlichen Rhythmisierungsformen zuzuordnen. „Äußere Rhythmisierung" auf der Schulebene findet statt, indem die Schulgemeinschaft entscheidet, wo im Tages-, Wochen- oder Monatsverlauf Angebote für gebundene und ungebundene Freizeitaktivitäten bereitgestellt werden. Aspekte der Ausgestaltung werden im Rahmen der „inneren und individuellen Rhythmisierung", auf der Ebene der außerunterrichtlichen Angebote und der den einzelnen Schüler betreffenden Ebene bearbeitet.

(6) Erweiterte Lerngelegenheiten

Die Vermittlung von Wissen soll über den Unterricht hinaus vor allem über das Angebot von Arbeitsgemeinschaften und Schulprojekten stattfinden. Erweiterte Lerngelegenheiten bieten sich beispielsweise im Rahmen eines gezielten Programmes Arbeitsgemeinschaften und Schulprojekte. Sie geben Gelegenheit zur Entdeckung von Lernpotentialen und erweitern dadurch die Vorstellung, dass Lernen ausschließlich im Fachunterricht stattfindet.

> *„Der Kiosk wird bei uns seit Jahren von den Schülerinnen und Schülern der Klassen 8 und 9 betrieben. Aber erst als wir eine neue Mathematikkollegin bekamen, haben wir auf ihre Initiative hin angefangen, dieses Projekt auch in unsere unterschiedlichen Fachstunden einzubauen. Ich als Biologielehrerin hab da vielfältige Möglichkeiten. Die richtig große Herausforderung war allerdings, dass wir überhaupt mitgemacht haben. Der Kollege, der die Kiosk-AG betreut, war schnell von unserer neuen Kollegin und ihrer Idee begeistert. Alle in ein Boot zu holen, hat aber echt lange gedauert. Also, ich würde mal sagen, ein Jahr. Aber jetzt machen schon mal vier Fächer mit. Koordiniert wird das Ganze von unserer damals neuen Kollegin und dem AG-Leiter."*
>
> (Biologielehrerin)

Gerade Schulprojekte und Arbeitsgemeinschaften bilden vielfach das Scharnier zwischen dem Lern- und dem Freizeitsektor und erlangen damit eine Schlüsselfunktion für die Verbindung von Unterricht und Erziehung. Es bietet sich die Gelegenheit, den Unterricht mit den außerunterrichtlichen Angeboten zu verzahnen. Werden Arbeitsgemeinschaften wie eine Zirkus-AG oder Schülerfirmen wie etwa ein Kiosk betrieben, so können diese Projekte auch an den Fachunterricht angekoppelt werden. Im Rahmen der Schülerfirma könnte in Mathematik parallel Kostenkalkulation durchgenommen werden, in Deutsch und Kunst können Werbematerialien erstellt werden und in Biologie, Geografie und Physik können die Lebensmittel, die im Kiosk verkauft werden sollen, auf Herkunftsland, Anbauweise, Umweltverträglichkeit usw. hin untersucht werden. Auf diese Weise kann die Verzahnung von Unterricht und außerunterrichtlichen Angeboten gelingen (vgl. Kapitel 5.6). Grenzen sind diesem Vorhaben durch die gewählte bzw. praktizierte Form der Ganztagsschule gesetzt. Ist es in gebundenen Ganztagsschulen durch die Anwesenheit aller Schülerinnen und Schüler realisierbar, so wird es in offenen und teilgebundenen Ganztagsschulen schwierig, da nur ein Teil der Kinder und Jugendlichen an den außerunterrichtlichen Angeboten teilnimmt. Die Verzahnung von Unterricht und außerunterrichtlichen Angeboten (vgl. Haenisch, 2009) stellt jedoch nur einen Aspekt im Rahmen des pädagogischen Gestaltungsbereiches *Erweiterte Lerngelegenheiten* dar.

Fragen für die Einzelschule

Was verstehen WIR unter dem Gestaltungsbereich ***Erweiterte Lerngelegenheiten***?

Welche pädagogischen Ziele verfolgen WIR, wenn wir uns diesem Gestaltungsbereich zuwenden?

Was davon setzen WIR bereits um?

Was wollen WIR zukünftig umsetzen? (Prioritätensetzung)

Wie wollen WIR diese Ziele realisieren? (Entwicklungsvorhaben, Auftrag, Erfolgskriterien)

Welche Instrumente und Schritte der Evaluation wenden WIR dafür an?

Und was bedeutet das im Rahmen der Rhythmisierungsthematik?

Wie bereits dargestellt, ist auch der pädagogische Gestaltungsbereich *Erweiterte Lerngelegenheiten* je nach Entwicklungsstand den einzelnen Rhythmisierungsformen zuzuordnen. Die Platzierung der Angebote im Wochen- bzw. Tagesplan kann der „äußeren Rhythmisierung" und somit der Schulebene zugeordnet werden. Die inhaltliche Ausgestaltung hingegen kann unter dem Label der „inneren Rhythmisierung", also der Ebene des Unterrichts bzw. der außerunterrichtlichen Angebote und deren Gestaltung erfolgen. Die „individuelle Rhythmisierung" wird indessen mit dem Fokus auf die Bedürfnisse und Erfordernisse des einzelnen Schülers/ der einzelnen Schülerin innerhalb des Einzelangebotes realisiert.

(7) Förderung und Lernchancen

Prinzipiell sollte Förderung im kognitiven, manuellen, sozialen und emotionalen Bereich der Schülerentwicklung erfolgen und auf das einzelne Kind, den einzelnen Jugendlichen ausgerichtet sein. Die Realisierung des Bereichs *Förderung und Lernchancen* verlangt folglich nach zusätzlich gestalteter Lernzeit im unterrichtlichen und außerunterrichtlichen Bereich. Die unterrichtlichen Förderformate werden in Schulen häufig verallgemeinernd als „Lernzeiten" bezeichnet (vgl. dazu Kapitel 4). *Förderung (und Lernchancen* im Rahmen des Fachunterrichts) wird also sowohl über spezielle Förderzeiten und Förderformate realisiert als auch über gezielte inhaltliche Anreicherungen des Unterrichts.

Lernmethodentrainings, die Unterstützung in verschiedenen Arbeitstechniken und Angebote zum Erwerb von fächerübergreifenden Kompetenzen stellen Beispiele für die inhaltliche Ausgestaltung des pädagogischen Gestaltungsbereiches *Förderung und Lernchancen* dar und werden in Schulen teilweise im Fachunterricht und teilweise in den Lernzeiten angeboten.

(Haus-)Aufgaben (bzw. in Ganztagsschulen Schulaufgaben) können als ein Element zielgerichteter *Förderung und* Bereitstellung von *Lernchancen* verstanden werden, wenn sie in den Unterricht integriert und nicht als losgelöster Bereich gehandhabt werden. (Haus- bzw. Schul-)Aufgabenstunden müssen folglich an den Fachunterricht angekoppelt und von den Lehrkräften unterstützt oder noch besser selbst realisiert werden, was eine intensive Begleitung der Lernentwicklung (möglichst mit Diagnosen und Förderplänen) ermöglicht (vgl. dazu Kapitel 4). Um solch eine Zielvorgabe zu erreichen, ist es unerlässlich, vorab die Hausaufgaben- bzw. Schulaufgabenpraxis der Einzelschule zu hinterfragen, transparent darzustellen und dessen Sinn und Unsinn zu ermitteln (vgl. Teilkapitel 4.1).

Förderung und Lernchancen werden auch in außerunterrichtlichen Angeboten realisiert (vgl. dazu Kapitel 5) und geboten. So kann ein Angebot zur Entwicklung und Unterstützung der sprachlichen Kompetenz im Rahmen einer Fußball-AG erfolgen:

> *„Wir haben festgestellt, dass ein Teil unserer Jungs sprachlich große Defizite hat. Viele dieser Kinder kommen aus Familien, in denen Deutsch nicht die Familiensprache ist. Gleichzeitig haben wir bemerkt, dass sich fast alle brennend für Fußball interessieren und wir einen Kollegen haben, der gute Kontakte in die Fußballwelt hat, in der viele erfolgreiche Spieler auch einen fremdsprachlichen Hintergrund haben. Das alles haben wir genutzt, indem wir einen dieser Spieler gewinnen konnten, für unsere Kinder eine AG anzubieten. Parallel dazu haben wir ein Konzept entwickelt, das den Grundgedanken der sportlichen Leistung mit einem fremdsprachlichen Hintergrund und dem Willen zur Bildung verbindet und diesen Spieler mit eingebunden. Das hat wunderbar geklappt und war der Einstieg für unsere Jungs in ein sprachliches Bildungsprogramm, das auf zwei Jahre angelegt ist.“*
>
> (Schulleiter)

Der Gestaltungsbereich *Förderung und Lernchancen* bietet die Gelegenheit, individuell und zielgerichtet sowohl starke, mittlere als auch schwache Schülerinnen und Schüler zu fördern, Lernchancen durch „Fördern und Fordern" für alle bereitzuhalten und somit neben der Lernunterstützung auch Schülerbegleitung zu beinhalten.

Fragen für die Einzelschule

Was verstehen WIR unter dem Gestaltungsbereich ***Förderung und Lernchancen***?

Welche pädagogischen Ziele verfolgen WIR, wenn wir uns diesem Gestaltungsbereich zuwenden?

Was davon setzen WIR bereits um?

Was wollen WIR zukünftig umsetzen? (Prioritätensetzung)

Wie wollen WIR diese Ziele realisieren? (Entwicklungsvorhaben, Auftrag, Erfolgskriterien)

Welche Instrumente und Schritte der Evaluation wenden WIR dafür an?

Und was bedeutet das im Rahmen der Rhythmisierungsthematik?

Förderung und Lernchancen sollen als zusätzlich implementierte Förderzeiten beispielsweise in Form eines Lernmethoden- und Arbeitstechnikentrainings stattfinden. Die Setzung dieser Angebote im Wochenplan entspräche organisatorischen Aktivitäten im Rahmen der „äußeren Rhythmisierung" auf der Schulebene. Die Entwicklung zur Ausgestaltung der unterschiedlichen Formate von *Förderung und Lernchancen* wäre, je nach Zielrichtung, ob einerseits die Palette aller diesbezüglichen Formate oder nur ein einzelnes Format inhaltlich konzipiert werden soll oder andererseits das einzelne Kind/der einzelne Jugendliche mit seinem Eigenrhythmus im Fokus der konzeptionellen Entwicklung steht, der „inneren -" und „individuellen Rhythmisierung" zuzuordnen. Richtet die Einzelschule ihr Augenmerk auf die Hausaufgabenthematik, so kann auch diese Entwicklungsaktivität entsprechend dem jeweiligen Entwicklungsstand den unterschiedlichen Rhythmisierungsformen auf Schul-, Unterrichts- oder Individualebene zugeordnet werden.

Fazit

Erst durch eine ausführliche Differenzierung, Definition und Übereinkunft hinsichtlich der Begrifflichkeit der einzelnen *pädagogischen Gestaltungsbereiche* vor Ort (bzw. in der Einzelschule) respektive durch das Kollegium kann diese Systematisierung (wie jede andere auch) als strukturierende Vorlage und somit als hilfreiches Entwicklungsinstrument Verwendung finden. Der Versuch und Nachweis, den jeweiligen Gestaltungsbereich anhand eines Beispiels in die Rhythmisierungsthematik einzuordnen, sollte das Ziel verfolgen, „Rhythmisierung“ als Rahmung und Ausgangspunkt der Ganztagsschulentwicklung darzustellen.

2.2 Die Organisationsmerkmale – Anregungen und Hinweise

Als zweite analytische Größe zur formalen Systematisierung von Ganztagsschule sollen nun die sechs *Organisationsmerkmale* von Ganztagsschule (vgl. Holtappels, 2005; Kamski, 2011) vorgestellt werden. Sie zielen auf zwei Themenbereiche, die bereits im Zuge der pädagogischen Gestaltungsbereiche berücksichtigt sind (Öffnung der Schule und die Partizipation von Eltern sowie Schülerinnen und Schülern). Wurde im Hinblick auf die *pädagogischen Gestaltungsbereiche* auf die damit verbundene pädagogische Intention fokussiert, so liegt der Schwerpunkt bei den Hinweisen und Anregungen nun auf Aspekten, die primär die Organisation betreffen.

- Raumorganisation und Raumgestaltung
- Mahlzeiten und Verpflegung
- Institutionelle Öffnung der Schule
  (Kooperation mit außerschulischen Partnern)
- Partizipation von Eltern
- Personalorganisation und Personalentwicklung
- Zeitorganisation und Rhythmisierung

(1) Raumorganisation und Raumgestaltung

Die räumlichen Ressourcen und deren Ausstattung haben einen großen Einfluss auf das Gelingen von Schule. Nicht umsonst wird der Raum auch als dritter Pädagoge bezeichnet, hängt doch der Erfolg von Schule und das Wohlbefinden der Beteiligten maßgeblich mit einer adäquaten Raum- und Schularchitektur und der Ausstattung der Räume zusammen. Ohne Minimalausstattung an *Räumen und Sachmitteln* können Ganztagsschulen jedoch nicht realisiert werden (vgl. Appel, 2004; 2009).

Räumliche Bereiche

Ein ganztägiger Aufenthalt von Schülerinnen und Schülern in der Schule erfordert für die unterschiedlichen Bedürfnisse entsprechende Räumlichkeiten (vgl. dazu Kapitel 5.7). Wenn Kinder und Jugendliche sich während eines Großteils des Tages in der Schule aufhalten, ist es unerlässlich, Räume und Zonen für den Unterricht, den musisch-technischen Bereich, die Verpflegung, die Begegnung und das Spiel, die Bewegung, den Rückzug und die Sozialerfahrung zu schaffen. Es gilt, Arbeitszonen, aber auch Ruhezonen sowohl für Schülerinnen und Schüler als auch für Lehrkräfte und das weitere pädagogisch tätige Personal bereitzustellen. Dies entspricht einer Maximalforderung. In der Realität ist es häufig so, dass Bereiche mehrfach genutzt werden müssen und sie vielfach nicht mehr nur monofunktionaler Nutzung unterliegen.

> *„Ich habe mit der Schulleiterin eine Schulbegehung gemacht und Sie können sich nicht vorstellen, was dabei alles rausgekommen ist. Unter anderem haben wir einen Raum im Untergeschoß entdeckt, der einmal als Fotolabor genutzt wurde, mittlerweile aber nur noch als Abstellkammer dient. Es schien so, als ob dieser Raum komplett in Vergessenheit geraten war. Er konnte ganz wunderbar in das Raumkonzept der Schule aufgenommen werden und wird mittlerweile als „Chillzone“ für die Mittelstufe genutzt.*
>
> *(Schulentwicklungsberater)*

Toilettenzone

Einen besonderen Ort stellt darüber hinaus der Toilettenbereich dar. In Schulen wird gerade dieser Zone oftmals wenig Beachtung geschenkt. Gerade für ganztägige Schulen, wo Kinder sich den ganzen Tag aufhalten, ist es jedoch von immenser Bedeutung, diesem Bereich und vor allem den damit verbundenen Zusammenhängen die gebührende Aufmerksamkeit zu schenken.

„Wir hatten große Probleme mit unserer Toilettensituation. Der Grad der Verschmutzung war trotz verstärkter Kontrollen von unserer Seite nicht einzudämmen und wir hatten wiederholt Beschwerden der Putzkräfte. Eltern beschwerten sich, dass sich ihre Kinder – die den ganzen Tag von zuhause weg sind – ekeln, auf die Toilette zu gehen und der Toilettenzustand sich somit zu einem nahezu gesundheitsgefährdenden Aspekt auswächst. Bis eine Kollegin mit der Idee kam, doch eine Toilettenfrau anzustellen, die während der Schulstunden vor Ort ist, für eine entsprechende Atmosphäre sorgt und auch eine Gebühr kassiert. Das hat erst zu großen Kontroversen im Kollegium geführt. Aber heute sind wir ganz glücklich mit dem Konzept, das wir gemeinsam dafür entwickelt haben. Die Schüler und Schülerinnen haben inzwischen das Konzept ganz wunderbar angenommen und äußern sich sogar positiv darüber."

(Schulleiter)

Räume für das Personal

Auch wird im Zuge der Raumorganisation in Ganztagsschulen die Situation für Aufenthalts- und Arbeitsräume für Lehrkräfte und das weitere pädagogisch tätige Personal häufig wenig berücksichtigt. Im Rahmen der Raumorganisation und Raumgestaltung gilt es, diesen Bereich unbedingt in die konzeptionelle Organisation und Gestaltung mit einzubeziehen.

Ein Raumkonzept für eine Ganztagsschule, das sich an einer Systematik orientiert, die Funktionsbereiche definiert und auch den Personal- und den Toilettenbereich nicht vernachlässigt, vermag zur Schullebensgestaltung und zu positiven gemeinsamen Gruppenerfahrungen beizutragen. Ziel ist eine sowohl wohnlich-ästhetische Gestaltung als auch die Schaffung einer anregungsreichen Lernumgebung mit Werkstattcharakter.

Organisatorisch gesehen ist es erforderlich,

- einen Arbeitskreis/eine Teilgruppe einzusetzen, die Vorlagen für die abstimmungsrelevanten Konferenzen erarbeitet,
- eine/n verantwortliche/n Ansprechpartner/in und Verantwortliche/n für das Organisationsmerkmal „Raumorganisation und -gestaltung" zu suchen, benennen und bekannt zu geben (z.B. auf der Homepage), um Zuständigkeitsbereiche definieren zu können.
- ein klar definiertes Ziel zu haben, wohin die Schule sich entwickeln soll, um räumliche Planungsvorstellungen äußern zu können,
- die zukünftigen Schülerzahlen zu kennen (Statistiken und Prognosen zugrunde legen), um auf mehrere Jahre hinaus zielgerichtet zu planen und Konzepte zu entwickeln,
- den Gebäude- und Schulhofzustand und die Nutzung transparent darzustellen (Inventur machen bzw. durch das Gebäude gehen, ein Protokoll erstellen, Doppelnutzungen ausweisen etc.), um zu erkennen, welche räumlichen Ressourcen tatsächlich zur Verfügung stehen (eventuell aus der Elternschaft Architekten mit einbeziehen),
- die Möglichkeiten und Pflichten des Trägers im Hinblick auf Investitionen zu kennen (Gespräche führen, Landes- und Bundesvorgaben studieren etc.), um bei Verhandlungen entsprechend argumentieren zu können.

(2) Mahlzeiten und Verpflegung

Die zentrale Mahlzeit in Ganztagsschulen ist die Mittagsmahlzeit. Das Mittagessen stellt ein herausforderndes Element dar, das organisatorisch bewältigt und pädagogisch integriert werden will (vgl. Kamski, 2008). Es ist eingebettet in die Mittagspause und stellt neben dem Schwerpunkt der Lernkultur das Herzstück der Ganztagsschule dar (vgl. Hentig, 2008, Sächsischer Ganztagsschulkongress). Ein erheblicher Teil gelingender Konzeptentwicklung für die Mittagessensversorgung hängt von den organisatorischen Belangen und deren Umsetzung ab.

Zeitliche Organisation

Je nach Schul- und Mensagröße gibt es unterschiedliche zeitliche Regelungen für die Teilnahme am Mittagessen. Bei der Zeitorganisation sind zwei Komponenten zu berücksichtigen. Einerseits muss das System der Gemeinschaftsverpflegung der personellen und zeitlichen Verfügbarkeit von Essenszubereitung und Ausgabe entsprechen. Andererseits muss das Unterrichtsende der einzelnen Klassenverbände sowie die pädagogische Konzeption des Nachmittags mit ihren Angeboten berücksichtigt werden. Viele Schulen teilen sich die Mensa mit einer anderen Schule und sind somit gezwungen, den internen Zeitplan zusätzlich mit der Partnerschule abzusprechen.

Menüwahl

Je nach Gemeinschaftsverpflegungssystem, organisatorischen Absprachen und pädagogischer Intention besteht die Möglichkeit für die Schülerinnen und Schüler, ihre Mittagsmahlzeit im Vorhinein zu wählen oder das Konzept der Schule sieht festgesetzte Mahlzeiten ohne Wahlmöglichkeit vor. Können die Schülerinnen und Schüler frei wählen, so wird dies beispielsweise teilweise über Computersysteme vor Ort, das Internet oder auch in traditioneller Form durch das Ankreuzen von Menüplänen realisiert.

> *„Wir hatten die größten Diskussionen im Kollegium, als es darum ging, ein Konzept für das Mittagessen zu entwerfen. ‚Gesundes Essen' wünschte sich ein Großteil der Kolleginnen und Kollegen als Motto. Wir hatten jedoch auch Vertreter, die für die Möglichkeit plädierten, dass ein Menü gewählt werden kann, das nicht unbedingt diesem Anspruch gerecht wird, wie etwa Pizza oder Hamburger. Darüber haben wir wochenlang diskutiert. Eine zweimonatige Versuchsphase mit solch einem Angebot war unser Kompromiss. Da unsere Schüler per Computer ihre Menüwahl vornehmen, war es ein Leichtes zu überprüfen, wer wie lange eine „ungesunde" Ernährung durchhält. Von unseren 350 Schülerinnen und Schülern war es ein einziger Junge, der elfmal hintereinander unser nicht so gesundes Menü angewählt hat. Am zwölften Tag entschied auch er sich für einen Eintopf."*
>
> *(Steuergruppenmitglied)*

Abrechnungssystem

Der Abrechnungsmodus für die Begleichung des Mittagessens gestaltet sich in den Schulen sehr vielfältig (z. B. durch Überweisung der Eltern; durch Abbuchung des Essenslieferanten oder des Schulsekretariats; durch Barbezahlung bei den Lehrkräften etc.). Je nach Abrechnungsmodus stellen der organisatorische Aufwand und die damit verbundenen erforderlichen Zeitressourcen keine unerhebliche Belastung für die einzelnen Schulen dar. Entscheidungen über die Art und Weise der Essenszubereitung, -lieferung, -ausgabe, Säuberung des Schmutzgeschirrs usw. hängt überwiegend von den finanziellen und räumlichen Gegebenheiten der Schulen und den finanziellen Möglichkeiten der Eltern ab.

Form der Speisenausgabe

Die Form der Verteilung der Speisen hingegen (Buffetsituation, Tellergerichte, Tischgruppen mit Speisen in Schüsseln etc.) ist neben finanziellen Zwängen an die pädagogischen Ideen gekoppelt, die die Schule verfolgt im Hinblick auf die Einnahme einer gemeinsamen Hauptmahlzeit (vgl. dazu pädagogischer Gestaltungsbereich *Gemeinschaft und soziales Lernen* in Kapitel 2.1).

Weitere Mahlzeiten

Über das Mittagessen hinaus werden weitere Mahlzeiten und Imbisse wie beispielsweise ein gemeinsames Klassenfrühstück und Gelegenheiten für Snacks und Zwischenmahlzeiten im Cafeteriabetrieb sowie durch Kioskverkauf angeboten. An einigen Schulen gibt es bereits fest installierte Wasserspender, die für alle Schülerinnen und Schüler kostenlos zur Verfügung stehen. Schulische Mahlzeiten stehen durchaus mit Lern- und Erziehungsaspekten in Verbindung, etwa als gemeinschaftsstiftende und kommunikative Aktivität sozialen Miteinanders oder auch als Anknüpfungspunkt für Fragen gesunder Ernährung.

Neben der Familie, als Quelle der Weitergabe des Wissens um Mahlzeiten und Verpflegung, stellt sich für Ganztagsschulen darin ein Aufgabenfeld dar. Die Kenntnisse und Zusammenhänge um

- *gemeinschaftsbildende Aspekte* (die Wichtigkeit sozialer Kommunikation und Kulturtechniken im Kontext von Mahlzeiten),

- *gesundheitliche Aspekte* (das Kennenlernen ausgewogener Speisepläne, die Berücksichtigung jugendgeschmacklicher Präferenzen, vegetarische Vorstellungen),
- ethnische und religiöse Aspekte (zu berücksichtigende Vorschriften einzelner Religionen und Ethnien),
- *organisatorische Aspekte* (die Vielfalt von Verpflegungssystemen und Anbietern, die Ausgabenmöglichkeiten der Mahlzeiten, die Möglichkeiten der Speisenauswahl und Abrechnungsmodi, die zeitliche Einteilung der Essensteilnahme)
- *architektonische Aspekte* (die Ausstattung und Dekoration von Mensen, die Ausstattung und Hygienevorschriften von Küchen) und
- *evaluatorische Aspekte* (die Befragung und Bewertung durch Schüler, Eltern, Lehrkräfte und weiteres pädagogisch tätiges Personal)

stellen das unerlässliche Wissen für die Konzeption, Organisation und Umsetzung der Mittagsmahlzeit dar (vgl. Kamski, 2008, S. 567). Die organisatorische Umsetzung erfordert ein klares Konzept, das pädagogische Belange berücksichtigt.

(3) Institutionelle Öffnung der Schule (Kooperation mit außerschulischen Partnern)

Wie bei dem pädagogischen Gestaltungsbereich *Öffnung der Schule zur Lebenswelt und zum Schulumfeld* beschrieben (vgl. Teilkapitel 2.1), wird mit dem Organisationsmerkmal *Institutionelle Öffnung der Schule* eine Erweiterung von Lerngelegenheiten und eine Ausweitung des bis dahin geschlossenen Kosmos Schule angestrebt. Außerschulische Lernorte sollen erschlossen, außerschulische Experten einbezogen und mit diversen Partnern, Institutionen und Organisationen soll kooperiert werden (vgl. Teilkapitel 5.3).

Dafür benötigen Ganztagsschulen u. a. die Jugend- und Kulturarbeit als Partner. Sie können von

- deren spezifischen sozialpädagogischen Kompetenzen (jugend-, medien-, spiel- und kulturpädagogische Perspektiven),
- deren methodischen Arbeitsweisen (Spielpädagogik, soziale Gruppenarbeit, psycho-soziale Arbeit) und

- deren spezifischen Zugangsweisen und Arrangements von Lern- und Erfahrungsorten (Werkstätten, Kunstateliers, Begegnungsstätten etc.)

profitieren (vgl. dazu Kapitel 5). Bei der Mitwirkung in Ganztagselementen sollte sich die Jugendarbeit vor allem ihrer eigenen Stärken, Kompetenzen und typischen Muster bedienen (vgl. Deinet, 2003). Sie muss jedoch respektieren, dass die Mitwirkung auf die Erfüllung des Bildungs- und Erziehungsauftrages der Schule zu fokussieren ist und sich innerhalb des schulischen organisatorischen Rahmens vollzieht.

„Für uns ist die Zusammenarbeit mit unseren außerschulischen Partnern sehr bereichernd. Manche bringen Kompetenzen ein, die die Kolleginnen und Kollegen im Rahmen ihrer Lehrerausbildung nicht erworben haben. Der zugewandte Blick auf die Kinder und Jugendlichen ist bemerkenswert. Manchmal ergeben sich aber auch Irritationen, vor allem dann, wenn die Bereiche und Zuständigkeiten nicht geklärt sind. Vielen Lehrkräften ist auch die prekäre Erwerbssituation nicht bewusst, in der sich dieser Personenkreis häufig befindet. So arbeiten sie meist im Rahmen von Teilzeitbeschäftigungen oder auch auf Werkvertragsbasis. Wir sind dazu übergegangen, unsere außerschulischen Kolleginnen und Kollegen zu unseren Ausflügen einzuladen. Im informellen Rahmen haben sich schon viele Bezugspunkte ergeben. Wir veranstalten auch zu Beginn eines jeden Schuljahres bzw. am Ende der Ferien einen Kennenlernnachmittag für beide Berufsgruppen, den wir unter ein bestimmtes Motto stellen. Das hat sich sehr bewährt für unsere Zusammenarbeit."

(Steuergruppenmitglied)

Standards für die Zusammenarbeit

Ganztagsschulen bedürfen folglich der Zusammenarbeit mit weiteren Anbietenden wie Einzelanbietern (Expertinnen und Experten, Laien), Institutionen und Organisationen (z. B. Vereine, Verbände, Behörden etc. – vgl. dazu Kapitel 5). Sie müssen sich dahingehend überlegen, welche Standards sie festlegen für Personen, die an ihrer Schule mit den Kindern und Jugendlichen arbeiten. Folgende Fragen können u. a. dabei berücksichtigt werden:

- Wird eine Ausbildung als Grundvoraussetzung für die Arbeit festgelegt?
- Welche Art von Ausbildung wird als erforderlich erachtet?

- Welche Kompetenzen werden als notwendig betrachtet?
- Wie werden diese Kompetenzen bei diesem Personenkreis überprüft?
- Wer entscheidet über die Befähigung und Einstellung von diesen Kräften?
- Sind in manchen Fällen Ausnahmen vorgesehen? Wenn ja, wann?

Zuständigkeiten

Um die Lebenswelt in die Schule zu holen und sie für die Schülerinnen und Schüler praktisch erfahrbar zu machen, ist es erforderlich, Kooperationen mit außerschulischen Partnern zu initiieren und zu pflegen. Dafür müssen Zuständigkeiten geklärt und die Partner in die innere „Kultur" der Schule eingeführt und einbezogen werden. Ganztagsschulen benötigen hierfür an erster Stelle dafür benannte Personen aus den eigenen Reihen, die mit entsprechenden Kompetenzen ausgestattet sind und die für die Kooperationspartner Ansprechpersonen sind. Ihnen obliegen Aufgaben wie

- die Idee bzw. das Leitbild der Schule zu vermitteln,
- zu klären, wie der gewünschte Umgang mit den Schülerinnen und Schülern aussieht,
- mitzuteilen, wie bei Schwierigkeiten mit Schülerinnen und Schülern verfahren werden soll,
- festzulegen, wie bei kurzfristiger Erkrankung bzw. unerwarteter Absage eines Angebotes verfahren werden soll (Ersatz, Fristen für Rückmeldungen, etc.),
- Vertragsabschlüsse, basierend auf den jeweiligen Bestimmungen des Landes und des Trägers, in die Wege zu leiten und abschlussfertig zu gestalten.

> Checklisten, Vertragsentwürfe etc. im Hinblick auf die Kooperation mit außerschulischen Partnern sind in unterschiedlichen Fassungen und an vielen Stellen im Internet zu finden. Um das Organisationsmerkmal *Institutionelle Öffnung der Schule* konzeptionell darzulegen, ist es vorab erforderlich, die pädagogischen Intentionen hinsichtlich einer Öffnung von Schule zu klären (vgl. pädagogischer Gestaltungsbereich *Öffnung der Schule),* um sie im Anschluss organisatorisch umzusetzen, wofür die Benennung einer verantwortlichen Person für diesen Teilbereich unbedingt erforderlich ist.

(4) Partizipation von Eltern

Weit verbreitet erscheint der Ruf nach einer stärkeren Beteiligung von Eltern in schulischen Angelegenheiten.

Partizipation von Eltern

Nicht alle Beteiligten teilen jedoch die Forderung nach einer verstärkten Partizipation von Eltern. Grund dafür ist das schwierige Verhältnis zwischen dem elterlichen Erziehungsrecht und der staatlichen Schulaufsicht, wie sie in Artikel 6 und 7 des Deutschen Grundgesetzes festgelegt ist. Dies hat inzwischen zu einem Verständnis geführt, dass Schule vor allem für die Entwicklung kognitiver Kompetenzen zuständig sei und die Familie für die Erziehung. Dass sich diese Annahmen heute so nicht mehr halten lassen, ist weitestgehend Konsens. Schule muss sich verstärkt um erzieherische Komponenten kümmern und von Eltern wird auch erwartet, dass sie die Entwicklung der kognitiven Kompetenzen unterstützen. Das Schulleben eröffnet heute Raum für die Beteiligung von Eltern und bietet die Gelegenheit für aktive Mitbestimmung und soziale Verantwortung. Die rechtlichen Möglichkeiten der Mitbestimmung fallen jedoch eher bescheiden aus (vgl. Busse & Helsper, 2008).

Für Eltern ist es unbedingt erforderlich, Informationen über die mögliche bzw. gewünschte Form der Beteiligung bzw. Partizipation von Seiten der Schule zu erhalten.

Dafür gilt es vorab folgende Fragen zu klären:

- Geht es um ausflugbegleitende, kuchenbackende, schulfestunterstützende Eltern?
- Oder sollen die Eltern tatsächlich konzeptionell an Schulentwicklungsprozessen mitarbeiten und in Abstimmungsprozessen (auch außerhalb von Schulkonferenzen) ein Stimmrecht erhalten, das über die Person der Elternvertretung hinausgeht?
- Oder ist die Beteiligung der Eltern dahingehend gedacht, die Schülerinnen und Schüler beim Lernen zu unterstützen (ob zuhause oder im Rahmen von Hilfestellungen in der Schule)?

Erst wenn diesbezüglich eine schulinterne Klärung erfolgte und eine Person (bzw. mehrere Personen) aus der Schule als verantwortlich für diesen Bereich benannt wurden, können Informationen zur gewünschten Elternbeteiligung an die Elternschaft kommuniziert werden.

Formen der Beteiligung

Neben der Lernunterstützung für ihre Kinder und Jugendlichen bieten sich weitere Bereiche an, in denen Eltern sich in den Schulen beteiligten können. Unter dem Begriff der Elternarbeit können folgende Aspekte subsumiert werden (vgl. Sacher, 2008):

- Kommunizieren/Informationsaustausch (Besuche von Elternsprechtagen und Elternabenden)
- Lern- und Erziehungskooperation mit der Schule (Unterstützung von Schülerinnen und Schülern bei den Hausaufgaben, Betreuung von Fördergruppen etc.)
- Hilfeleistungen der Eltern für die Schule (Begleitung von Klassenfahrten, Unterstützung bei Schulfesten etc.)
- (Konzeptionelle) Mitarbeit im Förderverein, in der Elternvertretung etc. (Beteiligung der Eltern an schulischen Entscheidungen und Beratungen)

Gegenwärtige Bestrebungen zur Verstärkung von Mitwirkung beziehen sich eher auf die Ebene der Kommunikation in Erziehungsfragen und auf die Möglichkeiten, Eltern zur Bewältigung der außerunterrichtlichen Aufgaben heranzuziehen, kaum hingegen auf Fragen der Unterrichtsgestaltung und der effektiven Steuerung von Schulentwicklung (vgl. Bettmer, 2009).

Beispiel: Frau Breitenschneider ist eine berufstätige Mutter. Für sie ist es aus zeitlichen Gründen schwierig, sich in der Schule zeitaufwändig einzubringen. Sie würde dies aber an manchen Stellen gerne tun und weiß von anderen Vätern und Müttern, dass sie sich eine Unterstützung der Schule auch gut vorstellen können, beispielsweise in einem organisatorischen oder im handwerklichen Bereich. Sie könnte z.B. ihre Expertise als Werbefachfrau für die Erstellung eines Konzeptes für die Homepage oder Tage der offenen Tür einbringen. Ihr professionelles Know-how würde eine Bereicherung für die

Schule darstellen. Sie hat jedoch nicht den Eindruck, dass die Schule ihrer Kinder solch eine Unterstützung wünscht, da ihr keinerlei Informationen über solche Formen der Elternarbeit der Schule bekannt sind und zur Verfügung stehen.

Im Rahmen der Partizipation von Eltern stehen die Schulen vor der Aufgabe, die Frage nach der gewünschten Form der Beteiligung der Eltern zu beantworten, um darauf basierend ein Partizipationskonzept zu entwerfen.

In diversen theoretischen Arbeiten lassen sich drei Formen der Elternarbeit unterscheiden (vgl. Cotton & Wikelund, 2001; Eccles & Harold, 1996; Epstein et al., 2002; Grolnick & Slowiaczek,1994; Sacher, 2008):

- Organisatorische Elternarbeit (Hilfestellung)
- Konzeptionelle Elternarbeit (Mitwirkung)
- Lernbezogene Elternarbeit (Unterstützung)

(Klassifizierung nach Schwanenberg, J. TU-Dortmund, IFS)

Heterogenität der Elternschaft

Darüber hinaus gilt es, sich mit der Heterogenität der Eltern auseinanderzusetzen und sich zu überlegen, wer, wann und in welcher Form angesprochen und einbezogen werden soll.

- Welche Eltern hat die Schule im Rahmen der Beteiligung im Blick?

Sind es die hochengagierten und interessierten Eltern, denen das Wohl ihrer Kinder am Herzen liegt? Oder fokussiert die Schule eher auf die desinteressierten Eltern, die einbezogen werden sollen? Ist auch das eine Zielgruppe im Rahmen der Konzeptentwicklung für ein Partizipationsmodell mit Eltern?

- Welche Beteiligungsfelder sind vorgesehen?

Für jene, die ausreichend zeitliche Ressourcen zur Verfügung haben und für jene, deren Zeitbudget – aus welchen Gründen auch immer – eingeschränkt ist. Welche Rolle ist jenen Eltern zugedacht, die die Schule nur schwer oder gar nicht erreicht?

Diese Fragen gilt es zu beantworten, um ein auf die Beteiligung der Eltern ausgerichtetes Konzept zu entwickeln.

Informationen zum System Schule

Mit zu berücksichtigen ist zudem, dass für viele Eltern das System Schule einen undurchschaubaren Dschungel mit Begriffen wie Schulkonferenz, Klassenkonferenz etc. darstellt, den sie nicht durchblicken bzw. einordnen können. Plakate mit Grafiken, Informationsblätter mit Erläuterungen zu schulspezifischen Begriffen, Erklärungen auf der Homepage der Schule usw. können einen Weg darstellen, das System Schule von einem unergründlichen Ort in eine transparente Organisation zu überführen. Die Informationsweitergabe kann auch über vorbereitete Powerpoint Präsentationen erfolgen, die an zentralen Stellen (Fluren, etc.) in Form einer „Dauerschleife" während der Elternsprechtage abgespielt werden.

Beispiel: Frau Özdemir und Frau El-Kachem leben in einem rein türkischen und arabischen Umfeld. Eine aktive Mitarbeit in der Schule durch das Elternhaus ist in deren traditionellen Vorstellungen nicht vorgesehen. Über den Moscheeverein könnten beispielsweise gezielte Informationen und Wünsche der Schule hinsichtlich verschiedener Formen der Mitarbeit an die Familien herangetragen werden.

Um Eltern zu beteiligen, ist es erforderlich, vorab

- die Heterogenität der schuleigenen Elternschaft zu klären und somit die Zielgruppen zu definieren,
- die möglichen und erwünschten Beteiligungsformen abzubilden,
- das System Schule transparent, anschaulich und verständlich (Sprachbarierren) darzustellen und
- eine für den Bereich Elternpartizipation zuständige Person aus der Schule zu benennen, bei der die „Fäden zusammenlaufen".

Schulen haben somit die Aufgabe, Eltern Informationen darüber zu geben, wie das System Schule funktioniert (welche Gremien bestimmend sind, welche Konferenzen welche Aufgaben erfüllen etc.), an welcher Stelle und in welcher Form Schulen sich eine Mitarbeit wünschen und vorstellen können, ob und wie sie Eltern Unterstützung bei der Erziehungsarbeit anbieten wollen und wer die aus der Schule zuständige Person dafür ist.

(5) Personalorganisation und Personalentwicklung

Bedingt durch die Beschäftigung unterschiedlicher Berufsgruppen, zunehmender Forderungen nach selbstständigen Schulen und damit verbundenen finanziellen und organisatorischen Herausforderungen, stellt der Personalsektor eine der herausragenden Anforderungen an Schulleitungskräfte.

Ist erst einmal ein Plan bzw. Konzept erstellt, das die organisatorischen und inhaltlichen Ziele für die kommenden Jahre der Ganztagsschulentwicklung abbildet, besteht die Gelegenheit, sich von Schulleitungsseite bzw. Steuergruppenseite der Personalentwicklung zuzuwenden. Dabei sind u. a. folgende Fragen zu beantworten:

- Welches Know-how, Wissen und Können haben wir an unserer Schule, um unsere Ziele umzusetzen?
- Welche Personen an unserer Schule haben dieses Know-how?
- Welches Know-how benötigen wir außerdem, für die Umsetzung unserer Ziele?
- Welche Personen erscheinen geeignet dafür, sich dieses Know-how im Rahmen von externen Fortbildungen, Schulhospitationen etc. anzueignen?
- Wer erkundigt sich, wo, wann und zu welchen Bedingungen sich diese Personen das erforderliche Know-how für die Schule aneignen können?
- Welche Standards gelten an der Schule für die Mitteilung bzw. Information über besuchte Weiterbildungsveranstaltungen, so dass die Schulgemeinschaft auch davon profitiert?
- Welches Know-how bzw. welche Fortbildung kann für die Schulgemeinschaft im Rahmen von schulinternen Lehrerfortbildungen (inklusive weiterem pädagogisch tätigem Personal) zur Erreichung der Schulentwicklungsziele organisiert werden?
- Welchen Zeitrahmen gibt es für die Umsetzung der Ziele?

Die aufgeführten Aspekte verweisen auf notwendige Punkte, die im Rahmen der Personalorganisation und Personalentwicklung berücksichtigt werden müssen und sind als Anregungspotential für ein Konzept bzw. einen Plan gedacht.

In Ganztagsschulen arbeiten im Gegensatz zu Halbtagsschulen muliprofessionelle Partner, die aus Lehrkräften, Sozialpädagoginnen und -pädagogen, Erzieherinnen und Erziehern, Fachkräften aus Jugendarbeit, Sport, Musik und Kulturarbeit, Künstlerinnen und Künstlern, Expertinnen und Experten aus verschiedenen Fachgebieten, Studierenden, Eltern und Großeltern bestehen (vgl. dazu Kapitel 5.3). Der Umgang und die Organisation aller Belange, die mit Lehrkräften und dem weiteren pädagogisch tätigen Personal sowie Verwaltungspersonal zusammenhängen, stellen für Schulleitungen in Ganztagsschulen mitunter die größte Herausforderung dar.

Multiprofessionelle Kollegien

Ein multiprofessionelles Kollegium mit unterschiedlichen Ausbildungsgraden und -formen, Gehaltsstufen, Vertragsmodalitäten (Zeitverträge, Festanstellungen, Beamtenstatus), Vorstellungen und Einstellungen zu Bildung, Erziehung und der eigenen Rolle, gilt es zu einer kooperativen Einheit zum Wohle der Kinder und Jugendlichen zu führen. Die Kooperation zwischen der Gruppe der Lehrkräfte und der des weiteren pädagogisch tätigen Personals bleibt dabei zuweilen nicht ohne Probleme, da zum Beispiel die Schulsozialarbeit häufig als nachgeschaltet dienende Einrichtung betrachtet wird (vgl. Holtappels, 2005) (vgl. dazu auch das Organisationsmerkmal *(3) Kooperation mit außerschulischen Partnern*).

Teamentwicklung

Neben der Entwicklung eines gemeinsamen pädagogischen Konzepts ist in Ganztagsschulen der Auf- und Ausbau der Kooperation von Lehrkräften untereinander und mit dem weiteren pädagogisch tätigen Personal unbedingt erforderlich und eine der herausragenden Gelingensbedingungen (vgl. dazu Kapitel 5.4). Eine effektive Personalorganisation scheint am ehesten realisierbar im Rahmen von Schulen, deren Arbeitsweise stark auf Teamkonstellationen aufgebaut ist. In teamerprobten Schulen sind Lehrkräfte und das weitere pädagogisch tätige Personal beispielsweise bestimmten Lerngruppen (z. B. im Rahmen von Jahrgangsteam) zugeordnet und kooperieren in diesem Kleinteam besonders eng (vgl. Kamski, 2011). Aber auch Teamkonstellationen zwischen Lehrkräften sind wesentliche Bestandteile gelingender Ganztagsschulkonzepte. Teambildungen unter Lehrkräften fördern u. a. die Transparenz der Arbeit, führen zur Unterstützung bei der Erstellung von Unterrichtsmaterialien und erleichtern eine zielgerichtete Förderung der Schülerinnen und Schüler. Sie machen jedoch auch verstärkt Absprachen erforderlich.

Gelingensbedingungen

Die Schuleffektivitätsforschung zeigt, mit welchen Problemen Schulleitungen zu kämpfen haben und welche Bedingungen förderlich bzw. hinderlich beim Aufbau effektiver Schulen sind (vgl. dazu u. a. Edmonds, 1979; Purkey & Smith, 1991). Aufgrund empirischer Ergebnisse kann festgehalten werden, dass folgende Aspekte einen positiven Einfluss auf die innerschulische Kooperation haben und somit die Personalorganisation unterstützen und als Gelingensbedingungen bezeichnet werden können:

- Die Existenz eines Personenkreises zur Schulentwicklung (z. B. einer Steuergruppe).
- Eine Organisationsstruktur für die Konzeptentwicklung, die alle Berufsgruppen mit einbezieht.
- (Extern moderierte) Studientage zu die Personalorganisation betreffenden Schwerpunktthemen (z. B. Kooperation zwischen Lehrkräften oder zwischen Lehrkräften und dem weiteren pädagogisch tätigen Personal).
- Hospitationen, die zu anderen Schulen unternommen werden, um Ideen zu sammeln.
- Die Teilnahme an Modellversuchen und die dabei gewonnenen Erkenntnisse zur Organisationsentwicklung.
- Eine in den Stundenplan verankerte Kooperationszeit für die im Team arbeitenden Lehrkräfte und für die im Team arbeitenden Kräfte des weiteren pädagogisch tätigen Personals und Lehrkräfte.
- Die Rücksichtnahme bei der Einteilung von Pausenaufsichten, um den Teams in diesen Zeitfenstern Zeiten für den Austausch zu blocken.
- Die Teilnahme der Schulleitung an Teamsitzungen, um so Interesse und Wertschätzung auszudrücken.
- Das Einfordern von Teamsitzungsprotokollen (Standards vorgeben) durch die Schulleitung (vgl. Kamski, 2011, S. 300 ff.).

(6) Zeitorganisation und Rhythmisierung

Wird der (historische) Diskurs um die Gestaltung von Ganztagsschule betrachtet, so wird deutlich, dass der Begriff der ‚Rhythmisierung' gewissermaßen als Metapher für den reformpädagogischen Gedanken einer kindgemäßen Lebensschule steht (vgl. Kolbe, u. a., 2006; Rabenstein, 2008; Teilkapitel 1.1). Es geht dabei um die Vorstellung, dass für alle Menschen ein gleicher „natürlicher", kind- und lerngerechter Rhythmus besteht, den es bei der Gestaltung von Schule zu beachten gelte. Kolbe, Rabenstein und Reh (2006) fordern vor diesem Hintergrund eher von Zeitstrukturierungsmodellen zu sprechen, denn von Rhythmisierung.

Äußere, innere und individuelle Rhythmisierung

Entsprechend dem Vorschlag aus Teilkapitel 1.3, Rhythmisierung aus organisationsrelevanter Perspektive zu betrachten, indem gefragt wird, welche Ebenen bei einer veränderten Zeitorganisation bzw. Zeitstrukturierung berücksichtigt werden müssen, erfolgte die Einteilung in eine (1) äußere Rhythmisierung auf der Schulebene, eine (2) innere Rhythmisierung oder Binnenrhythmisierung auf der Unterrichtsebene und eine (3) individuelle Rhythmisierung auf der Ebene der einzelnen Schüler und Schülerinnen.

Eine veränderte zeitliche Tagesstrukturierung, wie etwa die Veränderung der Taktung (45-Minutentakt versus beispielsweise eines 60-, 80-, 90-minütigen Taktes des Unterrichts) und die Ausweitung der Anwesenheitszeit in den Nachmittag hinein, unterstützt und ermöglicht Veränderungen im Unterricht, bietet Anlässe für erweiterte Lerngelegenheiten, das Angebot für Freizeitaktivitäten und die Umsetzung von gemeinschaftlichem Beisammensein und sozialem Lernen. Um den Tag und die Woche neu zu strukturieren, bedarf es der Veränderungen und Entscheidungen auf der Schulebene (äußere Rhythmisierung), wie etwa die zeitliche Umgestaltung der Unterrichtseinheiten oder die Setzung der unterrichtlichen und außerunterrichtlichen Angebote im Tages- und Wochenablauf. Inhaltliche Umgestaltungen und Neuorientierungen werden dabei auf der Ebene des Unterrichts (und der außerunterrichtlichen Angebote) erforderlich (innere Rhythmisierung), denn veränderte Zeitstrukturierungsmodelle führen i. d. R. über kurz oder lang zu Reformen der Lernorganisation, die maßgeblich von der einzelnen Lehrkraft im Unterricht bestimmt werden. Die individuelle Förderung, die den herausforderndsten Part im Rahmen des Unterrichtsgeschehens einnimmt, ist organisatorisch auf der individuellen Ebene angesiedelt, wird in diesem Zusammenhang unter der individuellen Rhythmisierung subsumiert und hat den einzelnen Schüler und die einzelne Schülerin im Blick.

Aufgrund der über alle Entwicklungsbereiche von Ganztagsschule hinweg querliegenden Bedeutung von „Rhythmisierung" wird in Kapitel 3 ausführlich auf verschiedene Facetten von Zeitstrukturmodellen wie beispielsweise den Alternativen für die 45-Minutenstunde eingegangen.

Fazit

Anhand der Organisationsmerkmale von Ganztagsschule erscheint es erreichbar, die Organisation, Koordination und das Management einer Ganztagsschule unter der Prämisse inhaltlicher Vorgaben konzeptionell zu verankern und strukturell zu bearbeiten. Zu berücksichtigen ist, dass keines der Merkmale im Zuge der Entwicklungsarbeit als Alleinstellungsmerkmal betrachtet und bearbeitet werden kann. Querverbindungen von und zu allen Bereichen beeinflus-

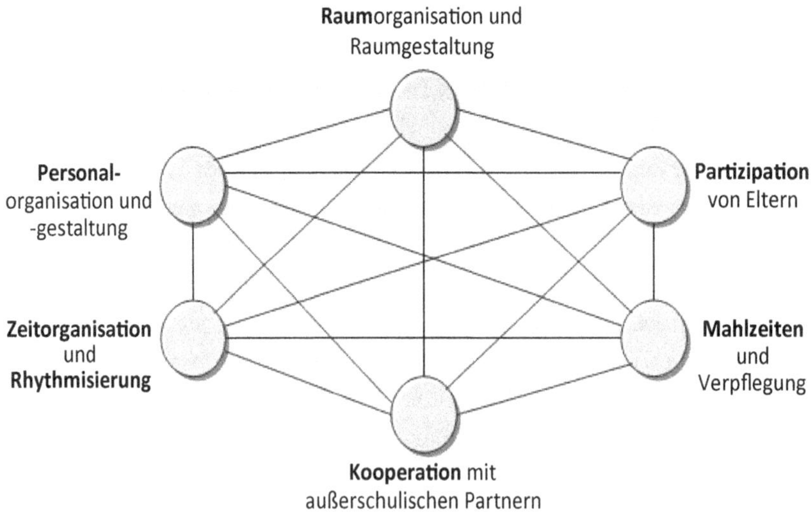

Abbildung 3: Organisationsmerkmale von Ganztagsschule (nach Holtappels)

sen und prägen die konzeptionelle und organisatorische Arbeit (vgl. Abbildung 3: „Organisationsmerkmale von Ganztagsschule" auf Seite 64).

2.3 Das Ganztagskonzept – Teil- bzw. Subkonzepte

Wie in Kapitel 2.1 und 2.2 gezeigt, stellen die *pädagogischen Gestaltungsbereiche* und *Organisationsmerkmale* von Ganztagsschule das prägende begriffliche und inhaltliche Fundament für die Ganztagsschulentwicklung dar. Auf diesem Fundament aufzubauen bedeutet, Ganztagsschule im Ganzen zu denken.

Als Essenz lassen sich folgende zentrale Aspekte für Ganztagsschulen aufzeigen:

- Tagesgestaltung
- Lernorganisation
- Umgang mit Hausaufgaben bzw. Schulaufgaben
- Projektunterricht und Freizeitpädagogik
- Kooperation mit außerschulischen Partnern
- Beteiligung von Eltern und Schülerinnen und Schülern
- Personal
- Mittagessen
- Raum- und Sachausstattung

Um Ganztagsschulen systematisch zu entwickeln, ist es erforderlich Prioritäten hinsichtlich der beabsichtigten Chronologie der zu bearbeitenden Teilbereiche zu setzen. Einen Aspekt nach dem anderen zu bearbeiten, führt in der Regel eher zum Ziel, als sich viele Aspekte gleichzeitig vorzunehmen. Buhren & Rolff (2002) und Philipp & Rolff (2004) schlagen vor, im Rahmen von Schulentwicklungsprozessen in der Bearbeitung einzelner Themenbereiche jeweils einem chronologischen Ablauf im Prozessverlauf zu befolgen:

1. sich Visionen bewusst machen
2. Ein Leitbild erarbeiten
3. Schwerpunkte auf bestimmte Entwicklungsziele festlegen
4. Einen Maßnahmenkatalog erarbeiten
5. Zeitliche und inhaltliche Meilensteine festhalten
6. Evaluationsschritte einplanen

Dafür sollen Arbeitsgruppen gebildet werden, die aus Mitgliedern des Kollegiums bestehen und in der Folge das gewählte Schwerpunktthema bearbeiten. Je nach Kollegiumsgröße können Themen in der Praxis auch parallel behandelt werden.

Welche Themenbereiche es im Rahmen der Ganztagsschulentwicklung zu entwickeln gilt, wurde bereits anhand der Darstellung der Organisationsmerkmale aufgezeigt. Um ein Gesamtkonzept zu realisieren, dienen diese als Sub- bzw. Teilkonzepte. Ihre Bearbeitung sieht folgende Ziele vor:

- Ein *Partizipationskonzept*, in dem sowohl Eltern, Schüler und Schülerinnen als auch Ehrenamtliche berücksichtigt werden.
- Ein *Raumkonzept*, das sich am ganztägigen Aufenthalt für Arbeits-, Rückzugs- und Gemeinschaftsphasen orientiert.
- Ein *Pausenkonzept*, das sowohl die Mittagszeit als auch die großen und kleinen Pausen beinhaltet.
- Ein *Ernährungskonzept*, das sowohl pädagogischen, gesundheitlichen, ethnienbezogenen wie auch organisatorischen Ansprüchen gerecht wird.
- Ein *Personalentwicklungs- bzw. Fortbildungskonzept*, ausgelegt auf die Förderung des gesamten Personalstamms und die Entwicklung der Schule. Ein *Personaleinsatzkonzept* zur gemeinsamen organisatorischen Gestaltung der Schule.
- Ein *Kooperationskonzept*, ausgerichtet auf die pädagogische und strukturelle Integration externer Partner.
- Ein *Hausaufgaben- bzw. Schulaufgabenkonzept*, das auf einem „erziehenden Unterricht“ (vgl. Rekus, 2003, S. 97) basiert und dementsprechend Hausaufgaben in den Schultag integriert.
- Ein *Lern- und Förderkonzept*, ausgerichtet auf die Bedürfnisse und Möglichkeiten aller (starker, mittlerer und schwacher) Schülerinnen und Schülern, basierend auf dem aktuellen Stand von Wissenschaft und Forschung.
- Ein *Zeitstrukturmodell*, das den gesamten Tag pädagogisch und organisatorisch berücksichtigt.

Die Teil- bzw. Subkonzepte sind nicht als statische Elemente zu betrachten, die begrenzt und in sich abgeschlossen zu realisieren sind. Da sie über vielfältige Schnittstellen verfügen, sind sie als Orientierungsgrößen gedacht, die im

Entwicklungsprozess durchaus gedankliche und organisatorische Querverbindungen erforderlich machen, wie in der folgenden Abbildung 4 ersichtlich wird.

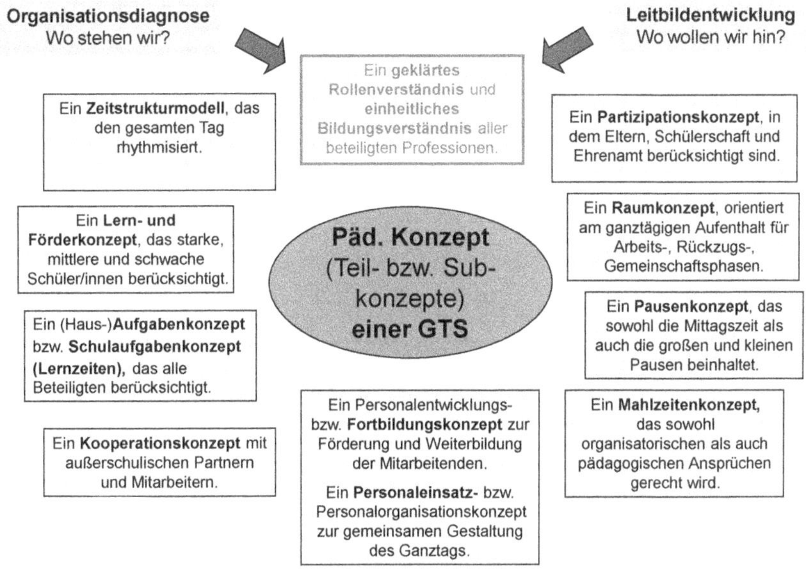

Abbildung 4: Das (pädagogische) Konzept der Ganztagsschule (nach: Kamski/Schnetzer)

Für die Entwicklung von Konzepten gibt es im Rahmen von Projektmanagementanleitungen ausreichend Hinweise. An dieser Stelle soll lediglich darauf hingewiesen werden, dass folgende Schritte zu berücksichtigen sind:

1. **Bestandsaufnahme und Diagnose** des Entwicklungsstandes (Selbstuntersuchung: Was ist bereits vorhanden?)
2. **Zielklärung und Schwerpunktsetzung** (Konsensfindung: einheitliches Bildungs- und Erziehungsverständnis herstellen, Leitbild entwickeln, Darlegung und Begründung der pädagogischen Gestaltungsansätze)
3. **Teilkonzeptplanung in Arbeitsgruppen** (Gestaltungsformen entwickeln: Teilkonzepte erarbeiten, Arbeitsformen und Organisationslösungen entwickeln)

4. **Entwicklung und Formulierung des Gesamtkonzeptes** (Integration und Konsensfindung: Teilkonzepte in ein Gesamtkonzept integrieren, Priorisierung der Einzelkonzepte, Maßnahmenkataloge erstellen, alles im Schulprogramm festhalten)
5. **Beginn der Konzeptumsetzung** (Evaluieren der einzelnen Schritte)

Für die Praxis in Schulen bietet die (Ganztagschul-)Tabelle bzw. das Ganztagsschultableau die Grundlage und die Chance, die Begrifflichkeiten inhaltlich zu definieren, sie dadurch mit eigenen Inhalten zu füllen und als Matrix für die Schulentwicklung zu verwenden (vgl. folgende Abbildung 5). Eine Trennschärfe zwischen den einzelnen Bereichen ist kaum zu realisieren. Für die Praxis ist das Ganztagsschultableau als Strukturierungsvorlage zur weiteren Ausdifferenzierung gedacht.

Organisationsmerkmal	Pädagogische Gestaltungsbereiche	Pädagogisches Konzept (Teil- bzw. Subkonzepte)	Zentrale Aspekte
Zeitorganisation und Rhythmisierung	**Unterricht** und **Lernkultur**	**Zeitstrukturierungs**konzept Zeitstrukturierungsmodell	Tagesgestaltung
Kooperation mit außerschulischen Partnern	**Förderung** und **Lernchancen**	**Lern- und Förder**konzept	Lernorganisation
Partizipation von Eltern	**Erweiterte Lerngelegenheiten**	**Kooperations**konzept	Kooperation mit außersch. Partnern
Personalorganisation und -entwicklung	**Gemeinschaft** und **soziales Lernen**	**Ernährungs**konzept	- Frühstück - Mittagessen - Zwischenmahlzeiten
Mahlzeiten und Verpflegung	**Spiel**- und **Freizeit**angebote	**Personal**- und Fortbildungskonzept	Personal
Raumorganisation und Raumgestaltung	**Öffnung** der Schule	**Raum**konzept	Räume und Sachausstattung
	Partizipation und Demokratielernen	**Beteiligungs**konzepte (Eltern)	Beteiligung - von Eltern, - von Schülerinnen und Schülern
			Freizeitpädagogik

eigene Darstellung

Abbildung 5: Ganztagsschultableau bzw. Ganztagsschultabelle

2.4 Fazit

Durch die Benennung der *pädagogischen Gestaltungsbereiche* wird die Möglichkeit geschaffen, anhand von definierten Entwicklungsfeldern eine Prioritätenliste zu nutzen, die im Rahmen des (Ganztags-)Schulentwicklungsprozesses und damit verbundener verfügbarer Ressourcen sukzessive bearbeitet werden soll. Wie in Teilkapitel 2.1 ausführlich dargestellt, verweisen die pädagogischen Gestaltungsbereiche auf die inhaltlichen bzw. pädagogischen Ausgestaltungserfordernisse in Ganztagsschulen und lassen sich zusammengefasst wie folgt abbilden:

1. Die *Partizipation von Schülerinnen und Schülern und Eltern* am Schulleben bietet die Chance für aktive Mitbestimmung und soziale Verantwortung im Schulalltag.
2. *Spiel- und Freizeitangebote* umfassen ein möglichst vielfältiges Wahlangebot an Arbeitsgemeinschaften und Kursen (gebundene Freizeit) und offenen Angeboten (ungebundene Freizeit), um den unterschiedlichen Interessen, Neigungen und Bedürfnissen der Kinder und Jugendlichen gerecht zu werden.
3. Eine Bereicherung der Lerninhalte ermöglicht die *Öffnung der Schule* in inhaltlicher, methodischer und räumlicher Hinsicht.
4. *Gemeinschaft und soziales Lernen* findet in Ganztagsschulen in verschiedenen Bereichen (beim Mittagessen, in AGs etc.) unter schulspezifisch definierten Bedingungen statt.
5. *Förderung und Lernchancen* werden über ein Mehr an pädagogisch gestalteter „Lernzeit" abgedeckt, z. B. im Rahmen von zusätzlichen Förderzeiten mit Übungen, Wiederholung und Vertiefung, wobei die Haus- bzw. Schulaufgaben integriert sind.
6. Differenzierte Lernarrangements (z. B. als Schülerfirma) bereichern als *erweiterte Lerngelegenheiten* vielfältige Zugänge zum Lernen, verschaffen lebensnahe Erfahrungsbereiche und bieten Lernformen mit Ernstcharakter.
7. *Unterricht und Lernkultur* stellen den Kernbereich auch in Ganztagsschulen dar. Diesen gilt es zu analysieren und entsprechend neuen Erkenntnissen auf Einzelschulebene einheitlich auszurichten.

Das Aufzeigen der *Organisationsmerkmale* (vgl. dazu Teilkapitel 2.2) bietet zudem eine Struktur, innerhalb derer ein Ganztagsschulkonzept im Zuge von fokussierten Teilkonzeptentwicklungen (zum Beispiel zur Raumorganisation und -gestaltung) organisatorisch bearbeitet werden soll. Folgende Organisationsmerkmale sind dabei zu berücksichtigen:

1. **Raumorganisation** und Raumgestaltung
2. **Mahlzeiten** und Verpflegung
3. **Partizipation** von Eltern
4. **Kooperation** mit außerschulischen Partnern
5. **Personalorganisation** und Personalentwicklung
6. **Zeitorganisation** und Rhythmisierung

Die durch die Einzelschule definierten (pädagogischen) Gestaltungsbereiche stellen dabei die pädagogischen Intentionen dar, die die Schule im Zuge der Entwicklung verfolgt. Das gewählte Zeitstrukturmodell gibt den basalen Rahmen für die Umsetzung vor. Unter Berücksichtigung der *individuellen Rhythmen* der Schülerinnen und Schüler sowie der *größeren Rhythmen* wie der Jahresplan-, der Wochenplan- und der Stundenplangestaltung können sodann Veränderungen auf der Schulebene erfolgen, Umgestaltungen im Hinblick auf die Personalorganisation verwirklicht und Erneuerungen auf der Lernebene realisiert werden. Alle Elemente (Organisationsmerkmale, pädagogische Gestaltungsbereiche, Teil- bzw. Subkonzepte) finden sich im Ganztagsschultableau wieder (vgl. Abbildung 4: „Ganztagsschultableau bzw. Ganztagsschultabelle“ auf Seite 67). Die (äußere-, innere- und individuelle) „Rhythmisierung“ zieht sich somit durch alle Themenbereiche und Entwicklungsvorhaben und kann als umfassende „Klammer“ der Ganztagsschule bezeichnet werden.

Teil II: Zur Praxis

3. Zeitstrukturmodelle

Optimale Voraussetzungen für das Lernen schafft man u. a. über eine elaborierte didaktische und methodische Ausgestaltung der Unterrichtsstunden unter Berücksichtigung der individuellen Förderung jedes einzelnen Schülers und jeder einzelnen Schülerin. Sie hängen aber auch von der Berücksichtigung von Freizeitphasen, von außerunterrichtlichen Angeboten, von verschiedenen Gegebenheiten hinsichtlich der Mahlzeiten und einer zeitlich strukturierte Tages- und Wochenplanung ab.

Das vorliegende Kapitel widmet sich der zeitlichen Strukturierung des Schultages. Ziel ist es, zu diskutieren, welche Elemente zur zeitlichen Strukturierung des Schultages Berücksichtigung finden sollten, welche Konsequenzen sich aus dem dreiviertelstündlichen Modell (die deutsche 45-Minutenstunde) für den Unterricht und die Organisation Schule im Hinblick auf die Stundenplangestaltung ergeben und welche Alternativen es zum 45-Minutentakt gibt. Dabei geht es u. a. darum, größere zusammenhängende Zeiteinheiten für das unterrichtliche Lernen zu schaffen oder Zeit für besondere Unterrichtsvorhaben bzw. -formate (wie etwa „Lernzeiten") zu gewinnen. Einführend werden alternative Möglichkeiten der Umsetzung verschiedener Stundenraster, Betrachtungsweisen hinsichtlich der Mittagsmahlzeit und der Mittagsfreizeit diskutiert sowie ein Beispiel für einen Tagesablauf dargestellt. Im Anschluss geht der Blick auf die Konsequenzen für den Unterricht, wobei die Tagesgestaltung, die Stundenplangestaltung, der Stundenumfang in den einzelnen Jahrgangsstufen und offene Fragen erörtert werden. Danach werden drei Alternativmodelle zur 45-Minutenstunden sowie entsprechende pädagogische und organisatorische Konsequenzen und Stundenplanbeispiele abgebildet. Abschließend wird an zwei Beispielen der Entwicklungsverlauf von Ganztagsschulen hinsichtlich sich verändernder Zeitstrukturmodelle aufgezeigt.

3.1 Entwicklung einer zeitlichen Strukturierung des Schultages

Die Entscheidung, ehemals halbtägige Schulen als ganztägige Schulen zu organisieren, bedeutet zum einen, mehr Zeit zu haben, zum anderen gilt es jedoch auch zu fragen: Welche Zeit und wofür? Die entscheidenden Fragen scheinen jene zu sein, die sich

- mit den Auswirkungen auf den Unterricht und
- den Phasen der darüber hinaus verbleibenden Zeit

beschäftigen. Dafür gilt es vorab die zeitliche Strukturierung des Schultages näher zu beleuchten.

Ein Rückgriff auf empirische und theoretische Erkenntnisse zu Zeitstrukturmodellen ist derzeit nicht möglich. Die Literatur ist vielmehr programmatisch und auf den Einzelfall bezogen. Um sich der Thematik zu nähern, ist es daher angebracht, die vier Organisationsmodelle von Appel (2004), welche stark vom Einzelfall abstrahierte Modelle darstellen, als Basis zu verwenden und sie wie folgt vorzustellen: Die Tagesstrukturierung erfolgt in der Regel über 45-minütige (Unterrichts-)Einheiten, die durch große und kleine Pausen sowie die Mittagspause unterbrochen sind.

(1) Stundenraster

Appel unterscheidet vier Stundenraster, jeweils im 45-Minutentakt, die noch variiert werden können, je nachdem, ob der Freitag als Ganztag organisiert ist oder nicht (vgl. Appel, 2004, S. 148 ff.):

1. Das 10-Stundenraster mit sechs Schulstunden am Vormittag, einer 15- bis 30-minütigen Mittagspause und vier Schulstunden am Nachmittag.
2. Das 9-Stundenraster mit fünf Schulstunden am Vormittag, einer 30- bis 50-minütigen Mittagspause und vier Schulstunden am Nachmittag.
3. Das 8-Stundenraster mit sechs Schulstunden am Vormittag, einer 45- bis 70-minütigen Mittagspause und zwei Schulstunden am Nachmittag.

Bei allen drei Stundenrastern dauert der Schultag von 08.00 Uhr bis 16.30 Uhr.

4. Bei einem zweiten 8-Stundenraster ist der Schultag verkürzt und dauert von 08.00 Uhr bis 15.30 Uhr. Wobei die sechs Schulstunden am Vormittag von

den zwei Schulstunden am Nachmittag durch eine 45- bis 70-minütige Pause unterbrochen sind.

	1	2	3	4
Raster	10-Stundenraster	9-Stundenraster	8-Stundenraster	8-Stundenraster
Länge des Schultages	8.00–16.30 Uhr	8.00–16.30 Uhr	8.00–16.30 Uhr	8.00–15.30 Uhr
Vormittag	6 Schulstunden	5 Schulstunden	6 Schulstunden	6 Schulstunden
Mittagspause	15–30 Minuten	30–50 Minuten	45–70 Minuten	45–70 Minuten
Nachmittag	4 Schulstunden	4 Schulstunden	2 Schulstunden	2 Schulstunden

Abbildung 6: Stundenraster in Anlehnung an Appel (2004)

Appel weist darauf hin, dass durch diese Stundenraster der Wochenstundenplan erfüllt werden kann. Inwiefern die Schülerinnen und Schüler im Rahmen der Ganztagsschule in der Schule verbleiben müssen und können, hängt ab von der verpflichtenden Grundstundenzahl der jeweiligen Schulform und Jahrgangsstufe sowie von bildungspolitischen (und landesspezifischen) Vorgaben zur Art des Ganztagsmodells.

Ganztagsschulformen bzw. -modelle

Der Minimalkonsens der Kultusministerkonferenz (vgl. KMK, 2003), dass ganztägige Schulen an mindestens drei Tagen in der Woche für mindestens sieben Zeitstunden Angebote bereithalten müssen, wird in einigen Bundesländern auf vier Tage (z. B. Mecklenburg-Vorpommern) und acht Zeitstunden (z. B. Baden-Württemberg) erweitert. Darüber hinaus entscheidet das Ganztagsmodell über die Dauer des Verbleibs der Schülerinnen und Schüler in der Schule. Im offenen Modell (Offene Ganztagsschule) ist es den Kindern und Jugendlichen bzw. deren Eltern überlassen, in welcher Intensität die ganztägigen Angebote genutzt werden. Wohingegen im Rahmen der teilgebundenen und gebundenen Form die verpflichtende Teilnahme entsprechend den Vorgaben des jeweiligen Bundeslandes gilt.

Die Wissenschaftler/innen der Studie zur Entwicklung von Ganztagsschulen (StEG) haben 2013 den Vorschlag gemacht, zukünftig von Ganztagsschulen in verbindlicher Form und in unverbindlicher Form zu sprechen.

(2) Mittagspause

Wie lange die Schülerinnen und Schüler in der Schule bleiben, hängt jedoch auch von dem von der Schule beschlossenen Ganztagskonzept und dem Zeitpunkt und der Dauer der Mittagspause ab. Die Mittagspause und somit auch das Mittagessen stellen das Herzstück der Ganztagsschule dar, da dort ein Großteil der pädagogischen Intentionen der (Ganztags-)Schule zum Ausdruck kommt.

Mittagsmahlzeit

Schulen gelingt es in der Regel für Schülerinnen und Schüler die Mittagsmahlzeit in einem Zeitraum von 15 bis 20 Minuten pro Klasse zu organisieren. Die Mittagspause sollte jedoch nicht nur aus der Gelegenheit zur Einnahme einer Mahlzeit bestehen (vgl. dazu Teilkapitel 2.1). Die darüber hinaus verbleibende Zeit, die Mittagsfreizeit, soll den Kinder und Jugendlichen zur Entspannung oder der Wahrnehmung weiterer Angebote dienen (vgl. dazu Kapitel 5). Nordrhein-Westfalen hat beispielsweise per Erlass beschlossen, dass für alle Kinder und Jugendlichen, die am Nachmittag Unterricht und außerunterrichtliche Angebote wahrnehmen, eine 60-minütige Mittagspause in den Schultag integriert ist. Die gemeinsame Mittagsmahlzeit sollte folglich mehr bieten als die Möglichkeit zur reinen Nahrungsaufnahme.

> Das Wissen um eine gesunde Ernährung, den eigenen Körper, Aspekte der mitmenschlichen Kommunikation bzw. eines „geordneten Miteinanders“ zählen zu jenen Kompetenzen, die unerlässlich für eine moderne Gesellschaft sind. Es gilt daher, die pädagogischen Intentionen der Schule, die mit dem Mittagessen („Herzstück der Ganztagsschule“) verbunden werden, passgenau zu formulieren und organisatorisch umzusetzen (vgl. dazu Teilkapitel 2.1 *Gemeinschaft und soziales Lernen*, Teilkapitel 2.2 *Mahlzeiten und Verpflegung*).

(Mittags-)Freizeit

Entsprechend den von Appel identifizierten Stundenrastern planen Ganztagsschulen 30- bis 70-minütige Mittagspausen ein. Die Tendenz zu einer durchschnittlichen Pause von 60 Minuten lässt sich an den bundeslandbedingten Vorgaben und Erlassen erkennen. Ganztagsschülerinnen und -schüler verbringen einen nicht unbeträchtlichen Teil ihrer Lebenszeit in der Schule. Sie sollten in der Mittagspause die Gelegenheit haben, neben der Nahrungsaufnahme über „freie und selbstbestimmte Zeit" zu verfügen (vgl. ungebundene Freizeit). Die Mittagspause entscheidet über die Einteilung des Tages in eine bestimmte Anzahl von Unterrichtsstunden im Nachmittags- und Vormittagsbereich.

> Im Rahmen einer durchschnittlichen Mittagspause von 60 Minuten verbleiben in der Regel ca. 40 Minuten für „freie selbstbestimmte Zeit" der Schülerinnen und Schüler. Dafür gilt es entsprechende Angebote vorzuhalten (z. B. die Nutzung der Turnhalle, des Schulhofes, Bibliothek, Computerraum, Ruhe- und Entspannungsräume etc.).

(3) Außerunterrichtliches Angebot

Die (Lern-)Kultur einer Ganztagsschule wird insbesondere durch die außerunterrichtlichen Angebote geprägt. Im erweiterten zeitlichen Rahmen sind vielfältige Angebote möglich, die sich u. a. an bildungspolitischen und pädagogischen Forderungen, aber auch den Interessen und den Freizeitbedürfnissen der jeweiligen Schülerschaft orientieren. Die bedarfsgerechte Entwicklung und Planung der außerunterrichtlichen Angebote wird ausführlicher in Kapitel 5 betrachtet.

(4) Tagesstruktur einer Ganztagsschule

Neue Öffnungszeiten (Frührunden, gleitende Anfangsphasen etc.), die Organisation von größeren zusammenhängenden Lernzeiten in Blöcke sowie die Beachtung von längeren (Mittags-)Pausen und die Organisation von außerunterrichtlichen Angeboten strukturieren die Tage von Ganztagsschulen neu. Die nachfolgende Abbildung 7 auf Seite 76 soll dafür einen beispielhaften Überblick geben.

	Zeitblöcke	Lern- und Freizeitaktivitäten im Rhythmus der Ganztagsschule
35 Minuten	07.15–07.50	Frührunde (Betreuung vor Schulbeginn/gleitender Anfang)
90 Minuten	Block I: 07.50–09.20	Offener Anfang (eventuell mit Gleitzeit), Morgenkreis, Fachunterricht als gelenkte und ungelenkte Arbeitszeit
30 Minuten	09.20–09.50	Pause mit ungelenkten Freizeitaktivitäten (Bewegungs-, Spiel- und/oder Entspannungsphase) eventuell inkl. Frühstück
95 Minuten	Block II: 09.50–11.25	Teils gelenkte, teils differenzierte Lern- und Arbeitszeit (z. B. Wochenplan, Freiarbeit, Stationenlernen, Fördermaßnahmen)
15 Minuten	11.25–11.40	Pause (Bewegung, Spiel, Entspannung)
95 Minuten	Block III: 11.40–13.15	Differenzierte Lern- und Arbeitszeit (Fachunterricht, Arbeitsgemeinschaften, Übungsphasen: „Lernzeiten“)
60 Minuten	13.15–14.15	Mittagspause: Mittagessen und ungelenkte Freizeitphase
95 Minuten	Block IV: 14.15–15.50	Fachunterricht in gelenkter oder differenzierter Form, Arbeit in Gruppen, Arbeitsgemeinschaften, Projekte, Werkstattarbeit, Erkundungen Freitags: Wochenrückblick

Abbildung 7: Beispiel für die Tagesstruktur in Ganztagsschulen

ACHTUNG

Neben der vorgegebenen zu unterrichtenden Stundenzahl der Lehrkräfte müssen in ganztägigen Zeitstrukturmodellen auch die Erfordernisse an eine veränderte **Arbeits- und Anwesenheitszeit** betrachtet werden. Das sind neben den üblichen obligatorischen Konferenzen auch weitere Aufsichten (Mittagspause, Nachmittagsbetreuung), aber z. T. auch eine Erhöhung an Springstunden im Stundenplan der Lehrkräfte, in denen sie zur Vertretung eingesetzt werden. Nur wenn in der Schule auch ausreichende und (professionell) ausgestattetet Arbeitsplätze für die Lehrkräfte zur Verfügung stehen, können erweiterte Anwesenheitszeiten auch zur Vor- und Nachbereitung, Korrektur oder Organisation genutzt werden. Gerade an weiterführenden Schulen und in ländlichen Bereichen ist für einen Großteil der Schülerinnen und Schüler der Schulbesuch mit einer Anfahrt verbunden, so dass auch die Busfahrzeiten Berücksichtigung finden müssen, die oftmals einen Stolperstein für die Realisierung einer optimalen Tagesstruktur darstellen.

3.2 Konsequenzen für die Organisation Schule

Nach wie vor stellt in vielen Schulen die 45-Minuten-Stunde die vorherrschende Taktungseinheit für unterrichtliche (vgl. in Teilkapitel 1.1 „Die 45-Minutenstunde und die Überbürdungsklage“) und außerunterrichtliche Angebote (vgl. Kapitel 5) dar. Sie entscheidet über den für die Lehrkräfte zur Verfügung stehenden Zeitraum der Wissensvermittlung bzw. des Lehrens und Lernens in einzelnen Fächern und Wissensgebieten.

Neue Taktungsmodelle wie etwa der 60-Minutentakt oder 90-Minutentakt werden mittlerweile verstärkt in den Schulen eingeführt. In der Regel sind die Gründe für den Wunsch nach einem veränderten Zeitstrukturierungsmodell, nicht ausreichend Zeit für den Unterricht bzw. die Unterrichtsphasen zu haben und infolgedessen auch keine Möglichkeiten zu sehen, Methodenvielfalt walten zu lassen, selbstständige Phasen des Lernens für die Schülerinnen und Schüler zur Verfügung zu stellen, individueller auf die einzelnen Lerntypen (einzelnen Schülerinnen und Schüler) einzugehen und auch direkt an Frontalphasen anschließend Übungsphasen zu ermöglichen. Erfahrene Lehrkräfte weisen auf den Tatbestand hin, dass ca. fünf bis zehn Minuten benötigt werden, um mit dem Unterricht zu beginnen. In diese Zeitspanne fallen etwa Anstrengungen, Unruhen einzudämmen oder sich mit Hausaufgaben zu beschäftigen. Am Ende der Stunde werden noch häufig einige Minuten für die Vergabe der Hausaufgaben verwendet. Dies führe dazu, dass den Lehrkräften eine effektive Zeit von ca. 30 bis 35 Minuten für den tatsächlichen Unterricht zur Verfügung steht.

Zwar kann derzeit noch nicht auf eine ausreichende Anzahl an empirischen Studien zurückgegriffen werden, die mögliche Vor- bzw. Nachteile für das Lernen durch eine Veränderung der Taktung des Unterrichts (45 Minuten oder größere Einheiten) hinreichend untermauern oder dementieren. Der Tenor sowohl im wissenschaftlichen als auch im schulpraktischen Diskurs geht jedoch in Richtung der Favorisierung flexibler zeitlicher Unterrichtseinheiten. Größere Unterrichtseinheiten (als 45-minütige Phasen) sollen unter anderem die Gelegenheit bieten, Übungsphasen in die Unterrichtsstunde einzubauen, einzelne Schüler und Schülergruppen individuell entsprechend ihren Bedarfen zu beschäftigen (individuelle Förderung), Zeiteinheiten für selbstständiges Arbeiten zu ermöglichen und Pausen gemäß den Bedürfnissen der einzelnen Schülerinnen und Schüler zu legen.

In zahlreichen Schulen ist mittlerweile eine Abkehr vom 45-Minutenmodell zu Gunsten der Einführung größerer (z. B. 60 Minuten, 65 Minuten oder 90 Minuten) und in einigen wenigen Schulen auch flexibel nutzbarer (z. B. 30 Minuten-)Unterrichtseinheiten erfolgt.

ACHTUNG

Ziel ist es im Rahmen von (zeitlich) veränderten Unterrichtseinheiten, durch differenzierte Lehrmethoden verschiedene Lernarrangements anbieten zu können, durch unterschiedliche Unterrichtsphasen Unterricht lernorientierter gestalten zu können, Pausen individuell einsetzen und durch die Nutzung von Übungsphasen innerhalb der Unterrichtsstunden letztendlich auf traditionelle Hausaufgaben (vgl. dazu Teilkapitel 4.1) verzichten zu können.

(1) Tagesgestaltung

Der 45-Minutentakt kann beispielsweise zugunsten von zwei oder drei größeren Zeiteinheiten (Blöcken) am Vormittag und einer oder zwei Einheiten am Nachmittag (je nach Schulform und Umfang der Stundentafel) verändert werden. Dies entspricht im Rahmen der Rhythmisierungsformen der *äußeren Rhythmisierung*. Innerhalb der Unterrichtsblöcke können durch den Zeitgewinn etwa Pausenzeiten nach Bedarf der Lerngruppe und Lehrkraft festgelegt werden. Dadurch erfolgt eine Erleichterung bei der Durchführung von Freiarbeit, bei Projekten und binnendifferenziertem Unterricht. Den Lehrkräften eröffnen sich demzufolge größere Gestaltungsräume hinsichtlich des Wechsels der Arbeits- und Sozialformen innerhalb der einzelnen Unterrichtsblöcke *(innere Rhythmisierung)*. Auf die einzelnen Schülerinnen und Schüler kann zudem individuell verstärkt eingegangen werden *(individuelle Rhythmisierung)*. Die Frage nach der Anordnung von „harten“ und „weichen“ Fächern im Tagesverlauf wird irrelevant, zumal die inhaltliche Ausgestaltung des Unterrichts, bedingt durch die größeren Zeitfenster, nunmehr vielfältigere Chancen für die Nutzung didaktischer und methodischer Grundsätze bietet.

Vorteile entwickeln sich aus einer veränderten Taktung für die Schülerinnen und Schüler, aber auch für Lehrkräfte, im Hinblick auf die Anzahl der Unterrichtseinheiten, Vor- und Nachbereitungszeiten und die Personenvielfalt.

Kinder und Jugendliche haben den Vorteil,
- weniger Unterrichtseinheiten pro Schultag zu haben,
- weniger Materialien im Tornister transportieren zu müssen,
- für weniger Fächer Vor- und Nachbereitungszeiten pro Schultag einkalkulieren zu müssen,
- sich auf weniger unterschiedliche Lehrkräfte einstellen zu müssen,
- weniger Hetze, durch weniger Klassen- und Lehrerwechsel zu erleben etc.

Lehrerinnen und Lehrer haben den Vorteil,
- weniger (verschiedene) Schülerinnen und Schüler pro Tag unterrichten zu müssen,
- sich auf weniger Facheinheiten (Unterrichtsblöcke) vorbereiten zu müssen,
- dadurch weniger Hetze im Schulalltag zu erleben etc.

Nachteile werden häufig von Lehrkräften, die Sprachen (aber auch jene, die einstündige Fächer) unterrichten, befürchtet. Sie haben in der Regel einige Zweifel hinsichtlich der Vorteile bei der Umstellung der Taktung (z. B. auf 90 Minuten), da sie ihre Schülerinnen und Schüler, bedingt durch den veränderten Stundenplan, weniger häufig sehen, in den vergangenen Jahren jedoch ein kontinuierliches Lernen im Rahmen mehrerer Unterrichtseinheiten über die Woche hinweg gewohnt waren. Sie auf dem Weg hin zu neuen Taktungsmodellen mitzunehmen, stellt eine der Herausforderungen im Rahmen der Ganztagsschulentwicklung dar.

„Der 45-Minutentakt ist echt super. Meinen Unterricht habe ich voll und ganz auf diese Einheit ausgerichtet und das hab ich im Schlaf drauf. Ich habe mal in Frankreich unterrichtet. Dort wird ja in größeren Einheiten unterrichtet – ich meine, es waren 55 Minuten. Das war echt irritierend für mich. Ich war immer zu früh fertig und musste mir dann noch was aus den Fingern saugen."

(Französischlehrerin)

Etablierte Unterrichtkonzepte gilt es bei geänderten Taktungsmodellen zu verändern, Widerstände müssen ausgeräumt werden. All das bedeutet erst einmal Mehrarbeit zu leisten und die Betroffenen davon zu überzeugen, dass die Vorteile erst im zweiten Schritt sichtbar werden.

Empirisch kann bis dato noch auf keine Ergebnisse zurückgegriffen werden, die einen leistungsbezogenen Erfolg bzw. Misserfolg aufgrund einer umgewandelten Taktung belegen. (Sprachen-)Lehrkräfte, die sich auf eine neue Taktung eingelassen haben, berichten hingegen von genauso erfolgreichen bzw. weniger erfolgreichen Schülerinnen und Schülern sowohl in dem traditionellen (45-Minutentakt) als auch im neuen Taktungsmodell.

(2) Stundenplangestaltung

Veränderte Zeitstrukturierungsmodelle führen zu großen Herausforderungen in der Stundenplangestaltung.

Rechnerische Herausforderungen

So gilt es den rechnerischen Abrechnungsmodus der Lehrerstunde, der auf 45 Minuten basiert, an veränderte Zeitstrukturierungsmodelle (wie etwa den 60-Minutentakt) anzupassen (vgl. dazu Teilkapitel 3.2). Keine Probleme im Hinblick auf die Abrechnung der zu leistenden Lehrerstunden ergeben sich aus Taktungsmodellen, die die 45-Minuteneinheiten als rechnerischen Ausgangspunkt verwenden können, wie beispielsweise das 90-Minutenmodell. Gleiches gilt für das auf den ersten Blick sonderbare 67,5-Minuten-Taktungsmodell. Dieses Modell resultiert aus der rechnerischen Vereinfachung, die sich durch die Halbierung der 45 Minuten ergeben (= 22,5 Minuten + 45 Minuten = 67,5 Minuten).

Organisatorische Herausforderungen

Eine weitere Herausforderung stellt die Integration einstündiger (45-Minuten-) Fächer dar. Im Rahmen von 90-Minutenmodellen gelingt eine konsequente Einhaltung lediglich, wenn die Schule A- und B-Wochen einführt, bzw. anderweitige größere zeitliche Blockungen, wie etwa den Chemieunterricht im ersten oder zweiten Halbjahr anzubieten, vornimmt.

Derzeit kann im Hinblick auf unterschiedliche Taktungsmodelle auf Erfahrungsberichte zurückgegriffen werden (z. B. Gesamtschulen NRW – 60 Minutentaktung). Ergebnisse aus empirischen Studien sind in den kommenden Jahren zu erwarten, die gegenwärtig bereits durchgeführt werden (z. B. das Projekt „Ganz In" in Nordrhein-Westfalen).

(3) Stundenumfang in den einzelnen Jahrgangsstufen

Wie ausgedehnt der Stundenumfang in den einzelnen Jahrgangsstufen ist, hängt von der Schulform und den gegebenen Möglichkeiten zur Verwendung von Ergänzungsstunden ab. Je nach Bundesland wird es dazu Unterschiede geben. Zeitweilig ist es so, dass sogenannte Ergänzungsstunden in einzelnen Schulen über Jahre hinweg von einem bestimmten Fach „besetzt" sind. Diese Fachlehrkräfte leiten daraus häufig einen legitimen Anspruch ab, der eventuell auf „alten" Zugeständnissen beruht, die jedoch im Zuge sich verändernder Konzepte noch nicht thematisiert wurden. Über die genaue Gestaltung des für die jeweilige Jahrgangsstufe verbindlichen Zeitrahmens entscheidet i. d. R. die Schule eigenverantwortlich.

Der Stundenumfang für die Jahrgangsstufen 5 bis 9 wird im Folgenden am Beispiel von Nordrhein-Westfalen aufgezeigt:

- Klasse 5 und 6: 30–33 Wochenstunden
- Klasse 7 und 8: 31–34 Wochenstunden
- Klasse 9: 32–35 Wochenstunden

(4) Offene Fragen

Folgende grundlegende Fragen sind bei der Veränderung von Zeitstrukturierungsmodellen zu berücksichtigen:

1. Welche Erwartungen werden mit einer Veränderung der 45-Minutenstunde verknüpft?
2. Was sind die Vorteile und Nachteile des 45-Minutentaktes für Lehrkräfte und für Schülerinnen und Schüler?
3. Was sind die erwarteten Vorteile / Nachteile eines 60-, 90- etc. Minutentaktes für Lehrkräfte und für Schülerinnen und Schüler?

4. Welche Veränderungen im Bereich der Unterrichtsplanung, Unterrichtsdidaktik werden erwartet?
5. Welche Veränderungen im Bereich der pädagogischen Handlungsmöglichkeiten werden erwartet?

3.3 Alternativen für die 45-Minutenstunde

Aufgrund der Vielfalt der verschiedenen Taktungsmodelle wie beispielsweise dem 40-, 60-, 65-, 67,5-, 70-, 80-, 90- oder 95-Minutenmodell wird an dieser Stelle auf eine allumfassende Darstellung verzichtet.

Taktungsmodelle

Es können grob drei Taktungsmodelle unterschieden werden:

Modelle, die *keine Umrechnung* der 45-Minutenstunde von Lehrkräften erfordern, da rechnerisch die Stunden verdoppelt oder halbiert werden können (z. B. 90-Minutenmodell, 67,5-Minutenmodell)

Modelle, die *keine Umrechnung* der 45-Minutenstunde erfordern, da die abweichenden Minuten zur Gewinnung von „Lernzeiten“ bzw. Übungsphasen verwendet werden, die alle Fächer bzw. Lehrkräfte mittragen (z. B. 80-Minutenmodell).

Modelle, die eine *Umrechnung* der 45-Minutenstunde von Lehrkräften erfordern, da das gewählte Zeitstrukturmodell nicht einfach im Rahmen der 45-Minuten verrechnet werden kann, sondern eines größeren Aufwandes der Umrechnung bedarf (z. B. 60-Minutenmodell)

Zu jedem der aufgeführten Modelle wird im Folgenden ein Beispiel abgebildet, diskutiert und mit einem Stundenplan dargestellt. Jedoch …

Achtung bei Stundenplanbeispielen

„Geben Sie uns Beispielstundenpläne, damit wir uns orientieren können.“ Dies ist ein relativ häufig geäußerter Satz im Rahmen von Ganztagsschulentwicklungsprozessen, bei Fachtagungen und Fortbildungsseminaren. Stundenpläne können

zwar als richtungsweisende und anregende Modelle dienen, sie alleine sagen jedoch über die tatsächlich gelebte Lernkultur an einer Schule wenig bis gar nichts aus. Inwiefern es differenzierte Arbeitsphasen innerhalb der Unterrichtszeit oder auch innerhalb von Blöcken mit Freiarbeit oder Wochenplanarbeit gibt, ist nicht am Stundenplan erkennbar. Ob eine 90-Minutenstunde im Frontalmodus durchgeführt wird, lässt sich am Wochenplan nicht erkennen. In welchem Verhältnis mit offenem, selbstgesteuertem Lernen, Lehrerzentrierung, fragend-entwickelndem Unterricht, innovativen Lernarrangements etc. gearbeitet wird, ist aus Stundenplänen genauso wenig abzulesen. Stundenpläne stellen die organisatorischen Einteilungen des Tagesablaufes einer Schule im Wochentakt dar und können Hinweise auf pädagogische Intentionen geben, wie etwa die Nutzung von größeren Zeiteinheiten für unterrichtliche und außerunterrichtliche Angebote, den Wechsel dieser Angebote, die Platzierung verschiedener Formate über den Tag hinweg oder das Zeitmaß für die Mittagspause. Bei der Betrachtung von Stundenplänen ist zudem durchgängig zu beachten, dass sie jeweils für einzelne Klassen bzw. Jahrgangsstufen gelten. Folglich zeigt ein einzelner Stundenplan immer nur einen Ausschnitt des Gesamtsystems Schule auf. Auf diese Ausführungen ist ausdrücklich bei der Betrachtung von Stundenplänen zu achten!

3.3.1 Modell 1: Die 90-Minutenstunde

Organisatorisch betrachtet fällt die Entscheidung für eine 90-Minutenstunde unter Modellform 1 (vgl. „Taktungsmodelle“, Seite 77 f.), die keine umständlichen Umrechnungen hinsichtlich zu leistender Unterrichtsstunden erfordert, da der Abrechnungsmodus für eine Lehrerstunde 45 Minuten beträgt und demzufolge lediglich verdoppelt werden muss.

(1) Pädagogische Aspekte

Die Einführung von 90-Minutenmodellen bietet Schulen die Möglichkeit,

- Unterricht in einem erweiterten zusammenhängenden Zeitrahmen zu gestalten,
- selbstständig in Gruppen zu arbeiten,
- projektorientierte Unterrichtseinheiten anzubieten,

- Raum für die Auswertung von Unterrichtsergebnissen zu haben,
- mehr Zeit für Schülerinnen und Schüler als Individuen im Unterricht zu haben.

Es können folglich u. a. Übungsphasen in den Unterricht eingebaut, Pausen für die Klassengemeinschaft unabhängig von vormals festgelegten Zeiten gelegt und Methoden vielfältiger angeboten und genutzt und somit auch individueller auf die einzelnen Schülerinnen und Schüler eingegangen werden.

Vorsicht ist geboten, wenn Schulen ihre Zeitstruktur- bzw. Taktungsmodelle erheblich verändern, wie etwa beim Sprung von 45- auf vorwiegend 90-Minuteneinheiten, wobei den Lehrkräften dazu keine unterstützenden allgemeindidaktische und methodische Fortbildungsangebote gemacht werden. Die durchgängige Gestaltung von 90-Minutenstunden verlangt veränderte Konzeptionen, zumal sie weitreichende Möglichkeiten bietet, die nur ausgeschöpft werden können, wenn fundierte fachdidaktische Unterstützung vorhanden ist und die Thematik der traditionellen Hausaufgabenpraxis kritisch mit einbezogen wird.

„Die 45-Minuteneinheiten haben mich unglaublich eingeschränkt. Wenn ich bedenke, dass ich Übungsaufgaben, die ich aufgegeben habe, zu Beginn der Unterrichtsstunde kontrolliere und am Ende erneut welche aufgebe, bleiben mir im 45-Mintenmodell noch maximal 30 bis 35 Minuten Unterrichtszeit. An einen Methodenwechsel innerhalb einer Stunde beispielsweise muss ich in einem solchen Zeitfenster erst gar nicht denken. Und die Phasen, in denen was komplett Neues angefangen wird und ich erklären muss – dort fehlt die Zeit, dass die Kinder Gelegenheit haben zu üben und mir auch direkt Fragen stellen können. All das kann ich nun im Rahmen unseres 90-Minutentaktes umsetzen. Geholfen haben mir dabei auch die Fortbildungen, die für uns Lehrkräfte organisiert wurden, als wir das Stundenmodell verändert haben."

(Mathematiklehrer)

(2) Organisatorische Aspekte

Durch eine Verdoppelung der 45-Minutenstunde auf ein 90-Minutenmodell, die auch als Verrechnungsgrundlage für die Arbeitszeit von Lehrkräften gilt, fällt keine Umrechnungsleistung hinsichtlich der zu absolvierenden Arbeitszeit an. Aus diesem Grunde ist anzunehmen, dass Schulen alternativ auch den 67,5-Minutentakt wählen, um so einem Umrechnungsmarathon zu entgehen.

(3) Stundenplanbeispiele

Stundenplanbeispiel 1: **Blockmodell 90-bzw. 95-Minutentakt (Mischmodell)**

Das Stundenplanbeispiel 1 (siehe folgende Abbildung 8) stammt von einer Gesamtschule und zeigt den Plan von Jahrgangsstufe 5 und 6. Es handelt sich hier um eine teilgebundene Ganztagsschule, die an drei Tagen der Woche ganztägig organisiert ist. Das Zeitstrukturmodell ist auf fünf Blöcke ausgerichtet. Der erste Block umfasst 60 Minuten, in den der Morgenkreis sowie eine Förderstunde fällt, in der die Schülerinnen und Schüler ihre Hausaufgaben erledigen können. Der zweite und dritte Block dauert jeweils 95 Minuten und wird für den Fachunterricht genutzt. Im vierten 60-minütigen Block finden Unterricht und Arbeitsgruppen statt. Der fünfte Block im Nachmittagsbereich dauert 90 Minuten, wobei an einem Tag jeweils 45 Minuten Fachunterricht und 45 Minuten Arbeitsgruppenangebote stattfinden.

Stunde	Zeit	Montag	Dienstag	Mittwoch	Donnerstag	Feitag
1. Block	07.45 – 08.00	Morgenkreis	Morgenkreis	Morgenkreis	Morgenkreis	Morgenkreis
	08.00 – 08.45	Freiarbeit/ Hausaufgaben (M, D, E)	Freiarbeit/ Hausaufgaben (M, D, E)	Freiarbeit/ Hausaufgaben (M, D, E)	Freiarbeit/ Hausaufgaben (M, D, E)	Freiarbeit/ Hausaufgaben (M, D, E)
	08.45 – 09.00	**Frühstückspause**				
2. Block	09.00 – 10.35	Fachunterricht	Fachunterricht	Fachunterricht	Fachunterricht	Fachunterricht
	10.35 – 10.55	**Hofpause**				
3. Block	10.55 – 12.30	Fachunterricht	Fachunterricht	Fachunterricht	Fachunterricht	Fachunterricht
	12.30 – 13.30	**Mittagspause**				
4. Block	13.30 – 14.30	Fachunterricht	Fachunterricht	Arbeitsgruppe	Fachunterricht	Fachunterricht
	14.30 - 14.45	**Erholungspause**				
5. Block	14.45 – 15.30		Fachunterricht	Arbeitsgruppe	Arbeitsgruppe	
	15.30 – 16.15		Fachunterricht	Arbeitsgruppe	Fachunterricht	

Abbildung 8: Stundenplanbeispiel 1

Stundenplanbeispiel 2: 90-Minutentakt

Zeit	Montag	Dienstag	Mittwoch	Donnerstag	Freitag
07.30	Offener Unterrichtsbeginn				
08.00	SegeL	**Sport**	Gesellschafts-lehre	Naturwissen-schaften	Deutsch
09.30	***Frühstückspause***				
10.00	Mathematik	Englisch	Religion	Mathematik	**Sport/ Deutsch extra**
11.30	***2. Pause***				
11.45	SegeL	Arbeitslehre	SegeL	Englisch	Musik
13.15	***Mittagspause***				
14.15	Kunst	———	Themen-nachmittag	Deutsch	———

Abbildung 9: Stundenplanbeispiel 2

Stundenplanbeispiel 3: Blockmodell

Stundenplanbeispiel 3 (siehe Abbildung 10 auf Seite 87) stammt aus einer gebundenen Grundschule, die eine Früh- und Spätbetreuung anbietet, in denen die Kinder von Erzieherinnen betreut werden und sich frei beschäftigen können. Die Schule strukturiert ihren Tagesablauf im Rahmen von drei Blöcken, wobei in den ersten Block (105 Minuten) eine 15-minütige individuell platzierbare Frühstückspause, in den zweiten und dritten Block (je 100 Minuten) jeweils eine 10-minütige Pause integriert sind. In den ersten beiden Blöcken findet Unterricht statt, mit Ausnahme des zweiten Blockes an einem speziellen Tag. Dieser ist für den Freizeitbereich reserviert, der im Klassenverband mit Bewegung im Freien sowie im Rahmen von Freizeitkursen verbracht wird. Der dritte Block ist während der fünf Wochentage mit ungebundener und kursgebundener Freizeit sowie an einem Tag mit Fachunterricht gefüllt.

Std.	Zeit	Montag	Dienstag	Mittwoch	Donnerstag	Freitag
	6.00 – 8.00	Ungebundene Freizeit *Erzieherin*				
1. Block	8.00 – 9.45	Vorfachlicher Unterricht *Klassenlehrerin und ggf. Koop.-Lehrerin* + 15 Minuten individuelle Frühstückspause				
	9.45 – 10.10	Hofpause		Klassengebundene Freizeit Bewegung im Freien / kursgebundene Freizeit	Hofpause	
2. Block	10.10 – 11.50	Vorfachlicher Unterricht + 10 Minuten Pause			Vorfachlicher Unterricht + 10 Minuten Pause	
	11.45 – 12.15	Hofpause				
	12.15 – 14.00	Mittagessen / klassengebundene Freizeit / ggf. Schlaf				
3. Block	14.0 – 15.40 + 10 Min. Pause	Ungebundene Freizeit	Kursgebundene Freizeit	Vorfachlicher Unterricht	Kursgebundene Freizeit	Ungebundene Freizeit
	16.00 – 18.00	Spätbetreuung: ungebundene Freizeit				

Abbildung 10: Stundenplanbeispiel 3

3.3.2 Modell 2: Die 80-Minutenstunde

Organisatorisch betrachtet fällt die 80-Minutentaktung in die Modellform 2 (vgl. „Taktungsmodelle“, Seite 77 f.), bei der keine Umrechnung der 45-Minutenstunde hinsichtlich der zu leistenden Arbeitszeit erfolgen muss, da es sich im Prinzip um einen 90-Minutentakt handelt, in dessen Rahmen Zeiteinheiten für besondere Unterrichtsvorhaben gewonnen werden.

(1) Pädagogische Aspekte

Das 80-Minutenmodell (und auch das 40-Minutenmodell) ist ein Beispiel dafür, wie Schulen Zeitfenster schaffen, um sie entsprechend ihren pädagogischen Zielen einsetzen zu können. Durch zeitliche Umstrukturierungen werden Unterrichtsstunden gewonnen, die flexibel eingesetzt werden können. Häufig erfolgt dies im Rahmen von Stunden für „Wochenplanarbeit“, Differenzierungen, selbstbestimmtes Lernen usw.

(2) Organisatorische Aspekte

Es werden pro 45-minütiger Unterrichtsstunde fünf Minuten eingespart. Bei einem 90-Minutentakt bedeutet dies, dass ein Block nicht 90 Minuten lang ist sondern nur 80 Minuten. Anhand des Zeitrasters einer Jahrgangsstufe 7 würde dies bedeuten, dass bei 32 Wochenstunden im 45-Minutentakt 16 Blöcke im

90-Minutentakt organisiert sind. Gibt nun jedes Fach fünf Minuten bzw. jeder Block 10 Minuten ab, so werden dadurch zwei neue Blöcke gewonnen, die entsprechend der pädagogischen Ziele der Schule Verwendung finden können.

Zusammenfassend dargestellt bedeutet dies:

80-Minutenstunde: Organisationsformel „80 + 10"

Alt: 32 x 45 Minuten oder 16 x 90 Minuten
Neu: 16 x 80 Minuten Fachunterricht
2 x 80 Minuten flexibel einsetzbar
(z.B. 1 x „Freiarbeit", 1 x Wochenplanarbeit)

(3) Stundenplanbeispiel: 80-Minutentakt

Das Stundenplanbeispiel (siehe Abbildung 11 auf Seite 89) zeigt die Wochenorganisation einer Klasse in der Jahrgangsstufe 7 im 80-Minutentakt an einer teilgebundenen Ganztagsschule. Wie im Stundenplanbeispiel 1 des 90-Minutenmodelles (vgl. Abbildung 8 auf Seite 85) bietet auch diese Schule eine Frührunde an, in deren Rahmen die Schülerinnen und Schüler das Gebäude vor Unterrichtsbeginn betreten, sich in ihren Klassen einfinden, vor- und nachbereitende Arbeiten tätigen oder sich einfach nur austauschen können. Diese Schule hat zudem für die einzelnen Klassen Klassenlehrerstunden fest im Stundenplan verankert, die sich als ein Erfolgsgarant für gelingende Klassenbegleitung herausgestellt haben und von den Lehrkräften mittlerweile als nahezu unverzichtbar bezeichnet werden.

3.3.3 Modell 3: Die 60-Minutenstunde

Die 60-Minutentaktung kann unter Modellform 3 (vgl. „Taktungsmodelle", Seite 77) eingeordnet werden. Hier wird eine rechnerische Zusatzleistung der Stundenplangestalter erforderlich, da die Abrechnungseinheit für die Arbeitszeit der Lehrkräfte (45 Minuten) nicht mit der neuen Stundenplangestaltung im Rahmen eines 60-Minutenmodus korrespondiert.

Montag	Dienstag	Mittwoch	Donnerstag	Freitag
Frühunde (FR)	FR	FR	FR	FR
Unterrichts-blöcke (UB) 80 Minuten statt 90	UB	UB	Wochenplan-Arbeit (WoPla)	UB
UB	UB	UB	UB	UB
UB	Lernzeit (LZ)	UB	UB	UB
Mittagsfreizeit (MFZ)	MFZ	MFZ	MFZ	MFZ
Projektlernen (WP)	UB	Projektlernen (LernAG)	UB	Klassenstunde (KLS)
UB	UB	Freie Angebote / Teamzeit Lehrer	UB	

Abbildung 11: Stundenplanbeispiel für einen 80-Minutentakt

(1) Pädagogische Aspekte

Schulen entscheiden sich in der Regel für das 60 (65 oder 67,5)-Minutenmodell, wenn ihnen Unterrichtseinheiten mit 80 oder 90 Minuten als zu lang für ihre Schülerinnen und Schüler erscheinen und sie den 45-Minutentakt als zu zeitlich einschränkend erleben. Mancherorts lassen sich Schulen auf „Versuchswochen" im 60- und 90-Minutentakt ein, um in der Folge zu entscheiden, was für sie die sinnvollste und erfolgversprechendste Variante darstellt. Vorsicht ist geboten, wenn es zu einer unreflektierten Umstellung der unterrichtlichen Taktungsmodelle kommt, die nicht mit der Intention nach einer veränderten Lernkultur einhergehen und es keine korrespondierenden (Fortbildungs- und Reflexions-)Veranstaltungen für das Kollegium und die Schulgemeinschaft gibt.

(2) Organisatorische Aspekte

Der 60-Minutentakt (aber auch der 65-, 30- und 70-Minutentakt, sofern sie keine Mischmodelle sind) macht eine Umrechnung von der 45-Minutenarbeitsstunde auf 60 Minuten notwendig und stellt anfangs eine Herausforderung an die Stundenplaner dar. Es geht hierbei um den Vergleich der Arbeitszeit im

45-Minutenmodus und 60-Minutenmodus. Wird von einer Vollzeitkraft ausgegangen, die je nach Bundesland und Schulform unterschiedliche Stundenanzahlen zu bewältigen hat, so ist bei einer angenommenen Stundenzahl von 25,5 Stunden, die im Rahmen von Einheiten zu 45 Minuten zu erledigen sind, 1080 Minuten Unterrichtszeit pro Woche erforderlich. Im Zuge eines 60-Minutenmodelles hätte eben diese Vollzeitkraft 19,125 Stunden Unterricht zu bewältigen (1080 Minuten Wochenarbeitszeit dividiert durch 60 Minuten ergibt 19,125 Stunden Wochenarbeitszeit im Rahmen eines 60-Minutenmodells).

Umrechnungsmodus: 45 Minuten auf 60 Minuten

Vergleich der Arbeitszeit
25,5 Lehrer/innenstunden á 45 Minuten = 1080 Minuten Unterrichtszeit
1080 Minuten / 60 Minuten = 19,125 Lehrer/innenstunden

Für einige Lehrkräfte erschließt sich bisweilen der Umrechnungsmodus für die Arbeitszeit nicht sofort. Die folgende Abbildung kann dabei unterstützend wirken, zumal sie das Stundendeputat für Vollzeit- und Teilzeitkräfte im 45-Minutentakt mit der wöchentlichen Anzahl an zu leistender Arbeitszeit in Minuten abbildet. Spalte 4 zeigt die im 60-Minutentakt zu leistende wöchentliche Stundenanzahl. In Spalte fünf wird der Überhang aufgezeigt, der durch das Rechenmodell entsteht. Da sich nicht alle Stundenanteile in einem Schuljahr exakt umrechnen lassen, sollten Arbeitszeitkonten für alle Lehrkräfte geführt werden (in denen auch zusätzliche Arbeitszeiten wie Vertretungsstunden bzw. Vorgriffsstunden vermerkt werden). Über mehrere Jahre geführt, sorgt es für eine ausgeglichene Bilanz. Bei Teilzeitkräften wird ebenfalls entsprechend umgerechnet.

Stundendeputat im 45-Minutentakt	In Minuten	Neu	Stundendeputat im 60-Minutenraster	Rest in Minuten
25,5	1147,5	19:7,5	19	7,5
20	900	15	15	0
18	810	13:30	13	30
16	720	12	12	0
12	540	9	9	0

Abbildung 12: Umrechnungsmodus für die Lehrerarbeitszeit

(3) Stundenplanbeispiele

Stundenplanbeispiel 1: 60-Minutentakt

Stundenplanbeispiel 1 stammt von einer gebundenen Ganztagsschule (Gymnasium) aus der Klassenstufe 7 und bildet die Wochen- sowie Tagesstruktur ab.

Stunde	Zeit	Montag	Dienstag	Mittwoch	Donnerstag	Freitag
1. Stunde	8:10-9:10	D	M	BI	KU	SP
10 min Pause						
2. Stunde	09:20-10:20	REL	D	LZE	REL	M
20 min Pause						
3. Stunde	10:40-11:40	E	MU	SP	E	EK
10 min Pause						
4. Stunde	11:50-12:50	BI	E	M	SP	LZM/D
60 Min. Mittag 5. Stunde	12:50-13:50	Mittagspause				
6. Stunde	13:50-14:50	KLZ		D	AG	
10 min Pause						
7. Stunde	15:00-16:00	LQ		PK	AG	

Abbildung 13: Stundenplanbeispiel 1 für einen 60-Minutentakt

Stundentafel Gymnasium: 60-Minutentakt

Die Stundentafel Gymnasium (siehe Abbildung 14 auf Seite 92) zeigt die Anzahl der Fächer mit den Wochenstunden pro Halbjahr für die Jahrgangsstufen 5, 6, 7, 8 und 9. In der vorletzten Zeile sind die Wochenstunden pro Halbjahr im 60-Minutentakt abgebildet. Zum Vergleich dazu sind in der letzten Zeile die Wochenstunden im 45-Minutentakt dargestellt. Diese Art der vergleichenden Abbildung kann hilfreich bei Informationsveranstaltungen für Eltern sein. Ihnen erschließt sich bisweilen bei einer Umstellung von 45- auf 60-Minutenstunden das ausgewogene Zustandekommen der Stundenanzahlen im Vergleich nicht auf Anhieb. Es kann vorkommen, dass Eltern bei einer Umstellung auf den 60-Minutentakt davon ausgehen, dass ihre Kinder zukünftig aufgrund der Umstellung ebenfalls (zum Beispiel) 30,6 Wochenstunden – aber nun im 60-Minutenmodus – absolvieren müssen.

Stundentafel G8 für die Jahrgangsstufen 5, 6, 7, 8, 9

	60'-er Einheiten									
	5		6		7		8		9	
Deutsch	3	3	3	3	3	3	3	3	3	2
Geschichte			3			2	2		2	
Erdkunde		3			2		2			2
Politik	1	1		2	1	1	1			2
Mathematik	3	3	3	3	3	3	3	3	3	2
Physik			3				2	2	3	
Biologie	2	2		2		2		2		2
Chemie	–	–	–	–		3		3		3
Englisch	3	3	3	3	3	3	3	3	3	2
2. FS			3	3	3	3	3	3	3	2
Musik	2		2		2			2		2
KU/TX	2			2	2		2		2	
Religion	2	2	1	2	2	2			2	2
Sport	3	3	2	2	2	2	2	2	2	2
WP II	–	–	–	–			2	1	3	3
Fo/Fö	2	2	1	2	1	1		1		
Stunden/Woche	23	22	24	24	24	25	25	25	26	26
45' Stunden/Woche	30,6	29,4	32	32	32	33	33	33	34,6	34,6

Abbildung 14: Stundentafel G8 für die Jgst. 5, 6, 7, 8, 9

Stundentafel Gesamtschule: 60-Minutentakt

45´ - Rhythmus				60´- Rhythmus
Fach	5 und 6	7 bis 10	Summe	Zeitstunden
D	8	16	24	18
GL	6	12	18	13,5
M	8	16	24	18
NW	6	14	20	15
E	8	14	22	16,5
AL	2	8	10	7,5
KU/MU	8	8	16	12
RE	4	8	12	9
SP	6 bis 8	10 bis 12	18	13,5
WP	2 bis 3	8 bis 12	12 bis 15	9 bis 11,25
ES			12 bis 19	9 bis 6,75

Abbildung 15: Stundentafel einer Gesamtschule

Die Abbildung 15 zeigt die Stundentafel einer Gesamtschule für die Jahrgangsstufen 5 bis 10 mit der jeweiligen Summe der Förderstunden im 45-Minuten- und 60-Minutentakt.

3.4 Entwicklungsbeispiele

„Eine Unze Erfahrung ist so viel wert wie eine Tonne Theorie." (Benjamin Franklin)

Nachdem im vorhergehenden Teilkapitel für die drei basalen Taktungsmodelle pädagogische und organisatorische Aspekte sowie Stundenplanbeispiele aufgezeigt wurden, sollen die folgenden zwei Praxisbeispiele einen Einblick geben, welche Überlegungen Schulen verfolgen, wenn sie neue Taktungsmodelle anstreben. Es handelt sich dabei um Schulen, die sich für den 60-Minutentakt entschieden haben. Die Beispiele werden nicht kommentiert. Sie sind als Reflexionsanstoß für andere Schulen gedacht (was haben wir in unserem Prozess – und darüber hinaus – berücksichtigt, was könnten wir im weiteren Verlauf berücksichtigen etc.). Die Beispiele zeigen, dass die Schulen die Veränderung der Taktung u. a. als Vehikel für eine Veränderung der Lernkultur insgesamt nutzen. Diese Veränderungen sollten sich in der Folge bzw. begleitend im Schulprogramm abgebildet wiederfinden.

(1) Beispielschule X

Seit ca. zwei Jahren beschäftigten sich verschiedene Gruppen der Schule X mit den Möglichkeiten, die eine Umstellung des Unterrichtsstundenumfanges von 45 auf 60 Minuten bietet. Der Leitgedanke dabei war: *„Lernen benötigt Zeit! Wir sollten über diese Zeit nachdenken!"*

Gründe für den Wunsch nach einer Umstellung des Taktungsmodells

Die Ursache für die Arbeit mit Zeitstrukturmodellen waren primär Beobachtungen, dass Formen

- des selbst gesteuerten Lernens,
- des Überdenkens des Lernweges,
- der Problemorientierung und
- eine hohe Schüleraktivität

Zeit benötigen. All diese Lehr- und Lernformen werden von den Richtlinien gefordert, sind jedoch nach Meinung der Beispielschule in 45 Minuten schwer zu schaffen. Im Extremfall mussten sich Schülerinnen und Schüler an Schule X an einem Tag auf sieben unterschiedliche Fächer und teilweise auch so viele Lehrkräfte einstellen, was das Lernen für die Kinder und Jugendlichen nicht einfach machte. Schülerinnen und Schülern fiel es an der Beispielschule X zum Teil schwer sich so schnell fachlich umzustellen, beispielsweise von Englisch auf Naturwissenschaften. Die Schule machte zudem die Erfahrung, dass hauptsächlich die Jüngeren Zeit benötigten und mit dem abrupten Wechsel häufig überfordert waren. Aber auch für die Lehrkräfte bedeutete diese Art des Unterrichtens, sich auf viele unterschiedliche Schülerinnen und Schüler pro Tag einstellen zu müssen. Beim Lehrerwechsel zwischen den Stunden entstand sehr viel Unruhe und es gab aus diesem Grunde Zeitverluste für den Unterricht. Aber auch die Lehrkräfte hetzten beim Stundenwechsel von Klasse zu Klasse und konnten kaum „Luft holen“.

Die Schule stellte fest, dass die jüngeren Schülerinnen und Schüler mit bereits im Stundenplan implementierten Doppelstunden ihre Schwierigkeiten hatten. Mit einer 90-minütigen Doppelstunde stießen viele von ihnen an die Grenzen ihrer Aufnahmefähigkeit. Dennoch hatten viele Lehrkräfte den Wunsch, kompetenzorientierten Unterricht zu realisieren und mehr handlungsorientierten, auf Gruppenarbeit aufbauenden Unterricht zu praktizieren. Im Rahmen der 45-Minuten-Stunden war das jedoch nicht umzusetzen und führte zur Unzufriedenheit im Kollegium.

Gründe für die Entscheidung für das 60-Minutenmodell

Aufgrund der oben dargestellten Erfahrungen und Erkenntnisse hatte eine Gruppe des Kollegiums eine Schule besucht, die seit einigen Jahren durch die Einführung von 60-Minutenstunden ihren Schulalltag erfolgreich gestaltete und bei Lernstandserhebungen gut abgeschnitten hatte. Eine Arbeitsgruppe der Beispielschule hat sich nach dem Schulbesuch mit den Vor- und Nachteilen des Konzeptes der Gastgeberschule auseinandergesetzt. Die Teilnehmenden der AG kamen zu dem Schluss, dass die Vorteile bei weitem überwiegen. Daraufhin hatte sich die Schulkonferenz mit dem Konzept befasst und es mit großer Mehrheit als dreijährigen Schulversuch verabschiedet.

Definierte Ziele im Rahmen der Umstellung auf das 60-Minutenmodell

Das Konzept der Schule X enthält folgende Eckpunkte als Zielvereinbarung bei der Einführung des 60-Minutentaktes:

- Im Unterricht soll die **Schüleraktivität erhöht werden.**
- Der Unterricht soll problemorientiert sein; die Schülerinnen und Schüler sollen lernen, selber Probleme zu erkennen und eigene Lösungsvorschläge zu entwickeln.
- Die Schülerinnen und Schüler sollen lernen über den Lernweg nachzudenken und daraus Schlussfolgerungen für ihr weiteres Lernen ziehen. (Was kann ich jetzt und wie bin ich dahin gekommen? Wie möchte ich lernen und wie muss ich vorgehen?)
- Das Wissen soll nicht vorgesetzt werden, sondern die Schülerinnen und Schüler sollen es sich selber aneignen. Der Lehrer ist Lernbegleiter und -unterstützer.
- Es soll mehr Zeit für die **Vertiefung des Unterrichtsstoffes** gewonnen werden.
- Der **Ganztag soll deutlich klarer gestaltet werden** (z. B.: weniger Fächer an einem Tag).
- Es soll mehr Ruhe in das Tagesraster gebracht und die Hetze zwischen den Stunden verringert werden.
- Erhofft wird dadurch weniger Aggressivität und Vandalismus im Schulalltag.

Diese Ziele wollte die Schule einerseits durch die Umstellung des Stundenrasters sowie durch Fortbildungen im Kollegium und in den Fächern erreichen. Es ging der Schule nicht darum, dass die Schülerinnen und Schüler noch mehr Unterricht haben, sondern dass die vorhandene Zeit sinnvoller genutzt wird. Aus 4 x 45 Minuten Mathematikunterricht wurden z. B. 3 x 60 Minuten. So blieb mehr Zeit für die oben genannten Ziele in der einzelnen Stunde. In den Stundenplan wurden außerdem Zeiten für selbstbestimmtes Lernen eingebaut.

(2) Beispielschule Y

Die Schule Y hatte bereits ein Ganztagskonzept verwirklicht. Beispielsweise gab es ein elaboriertes Konzept für die Partizipation von Eltern. Die Schule konnte außerdem auf die ständige Mitarbeit von ungefähr 80 Eltern zurückgreifen.

Gründe für den Wunsch nach einer Umstellung des Taktungsmodells

Der Wunsch nach Vernetzung von Lernen, Üben und Freizeit stellte die Ausgangslage für eine Veränderung des Taktungsmodells (Abkehr vom 45-Minutenmodell) in der Schule Y dar. Das Zeitstrukturmodell im Rahmen der 45 Minuten erlaubte der Schule bis dato nicht, unterrichtliche und außerunterrichtliche Elemente entsprechend ihren pädagogischen Zielen zu realisieren. Die Erkenntnis, dass 45 Minuten für einen effektiven Unterricht nicht ausreichen, war in der Schule schon länger Konsens.

Definierte Ziele im Rahmen der Umstellung auf das 60-Minutenmodell

An der Schule arbeitete seit längerem eine AG, bestehend aus Vertretern der Lehrer-, Schüler- und Elternschaft, an der Thematik.

Zudem veranstaltete die Schule einen pädagogischen Tag mit Lehrkräften, Eltern, Schülerinnen und Schülern um herauszufinden, welche pädagogischen Ziele mit einer Umstellung des Taktungsmodells verfolgt werden sollen und inwiefern weitere Schulentwicklungsziele definiert werden könnten. Die Auswertung des Tages zeigte, dass zum einen ein ruhigerer und einheitlicherer Wochenrhythmus angestrebt sowie die Attraktivität der Schule erhöht werden sollte.

- Gleichmäßiger Tagesablauf der gesamten Arbeitswoche für Schülerinnen und Schüler und Lehrkräfte
- Einheitliche Mittagspause für alle Schülerinnen und Schüler und Lehrkräfte, dabei längere Mittagspause für die Jahrgänge 5 und 6
- Ruhigerer und verlässlicherer Tagesablauf für Schülerinnen und Schüler und Lehrkräfte
- Nur fünf bis höchstens sechs Wechsel in weniger Differenzierungsgruppen (statt bisher sechs bis acht in mehr Differenzierungsgruppen)
- Verringerung der Anzahl der Stundenvorbereitungen und -nachbereitungen und der Vorbereitungsorganisation für alle Beteiligten.

Die Schule formulierte zudem, was durch den 60-Minutentakt und was im Allgemeinen erreicht werden sollte:

Wir wollen durch die 60 Minuten-Unterrichtsstunden

- die Attraktivität der Schule steigern und deutlich machen, dass auch wir uns weiterentwickeln.
- bessere Möglichkeiten bieten, die Arbeit mit den neuen Medien in beiden Sekundarstufen zu organisieren.
- ein einheitliches Zertifikatskurssystem für alle Schülerinnen und Schüler des 5. und 6. Jahrgangs aufbauen.
- dass mit mehr Ruhe im Gebäude ungestörter gelernt werden kann.
- die Möglichkeiten für neue, individualisierende Lernformen anbieten.
- mehr Möglichkeiten zu intensivem Fördern und Fordern schaffen.
- bessere Möglichkeiten zur Verankerung von Methodenlehr- und Methodenlernplänen (Lernen lernen) durch mehr Zeit für Übungsphasen einplanen.

3.5 Zusammenfassung

Die aufgeführten Taktungsmodelle zeigen, dass jedes Modell seine Stärken und Schwächen hat. Aufgrund noch fehlender empirischer Ergebnisse sind fundierte Aussagen über jeweilige Vor- und Nachteile derzeit nicht möglich. Es scheint sich jedoch abzubilden, dass es keine Patentrezepte geben kann. *Die Einzelschule ist der Motor der Entwicklung* (vgl. Fend, 1986), und die individuellen Gegebenheiten vor Ort (wie die Zusammensetzung der Schülerschaft, der Elternschaft, des Kollegiums, der Träger, die Schulleitung, etc.) entscheiden mit über gelingende Entwicklungsprozesse.

Erst wenn auf erprobte Ergebnisse für einzelne Taktungsmodelle im Zusammenhang mit erzielten Schülerleistungen zurückgegriffen werden kann, sind gesicherte Aussagen über die unterschiedlichen Taktungs- und Zeitstrukturmodelle möglich. Eine anderslautende Aussage könnte jedoch erfolgen, wenn bei einem zukünftigen Wandel des wissenschaftlichen Interesses die Fokussierung auf Ergebnisse im Zusammenhang mit der Schülerleistung aufgegeben werden. Käme es beispielsweise in der Schulforschung zu einem verstärkten Interesse an gesundheitlichen und psychosozialen Aspekten wie dem Wohlergehen von Schülerinnen und Schülern (aber auch von Lehrkräften und dem weiteren pädagogisch tätigen Personal) und an deren Langzeitfolgen für die Marktwirtschaft, so würde solch eine neue Bewertungsgrundlage die Konzeptionierung von Forschungsvorhaben verändern und zu anderweitigen Interpretationen führen. Dies entspricht jedoch einem Blick in die Zukunft und käme einem Paradigmenwechsel gleich.

Heute ist es neben der Tagesstrukturierung (Platzierung von Formaten), der Berücksichtigung von Freizeit- und Pausenphasen und der Implementierung von Arbeitsgemeinschaften sinnvoll, sich auf die Ausgestaltung der unterrichtlichen Angebote zu fokussieren. Was macht guten Unterricht aus? Wie lernen Kinder und Jugendlichen am besten? Welche Voraussetzungen müssen dafür an den Schulen geschaffen werden? Sich in der Schulpraxis offen auf diese Fragen einzulassen, wird Schule nachhaltig verändern.

Aus den dargestellten Aspekten des Kapitels wird deutlich, dass im Vorfeld einer Veränderung der Taktung der Unterrichtseinheiten Klärungsbedarf hinsichtlich mehrerer Aspekte besteht. So gilt es Fragen zu berücksichtigen wie

- Was ist das/unser Ziel des Ganztags?
- Welches Zeitstrukturierungsmodell liegt derzeit vor?
- Was sind die Effekte des angewandten Zeitstrukturierungsmodells?
- Was wird mit der Umstellung auf ein neues Taktungsmodell erhofft?

Ihre Beantwortung entspricht einer Ist-Standanalyse (wo stehen wir und wohin wollen wir) und bildet die Basis für die Erstellung einer Prioritätenliste für den weiteren Entwicklungsverlauf. Die größte Herausforderung im Rahmen sich verändernder Zeitstrukturmodelle zeigt sich in der Konzeptionierung eines zielgerichteten Entwicklungsprozesses. Dafür sind jedoch auch ausreichend personelle Ressourcen wie etwa für Konzeptionsarbeit in Teilarbeitsgruppen oder Ansprechpersonen für außerschulische Partner erforderlich, die bis dato in der Regel vom Gesetzgeber nicht berücksichtig sind. Jeder Schulentwicklungsprozess an einer Schule wird von Lehrkräften (und auch den Kräften des weiteren pädagogisch tätigen Personals) getragen, die sich im Rahmen ihrer Arbeitszeit und darüber hinaus für die jeweilige Schule (in den o.g. Bereichen/Gruppen) engagieren. Dieses Engagement sollte auch von Seiten der Bildungsadministration anerkannt und z. B. durch speziell für Konzeptionsarbeit, Kooperation usw. vorgesehene Stunden berücksichtigt werden.

4. Konsequenzen für die (unterrichtliche) Praxis

Nach den bisherigen Kapiteln soll es nun darum gehen weiterreichende Auswirkungen von veränderten Zeitstrukturmodellen auf der unterrichtlichen Ebene zu diskutieren. Dafür werden die pädagogischen Chancen im Hinblick auf die Sinnhaftigkeit von traditionellen Hausaufgaben, die Nutzung von Übungszeiten in der Schule und Förderkonzepten und -formaten für selbstbestimmtes Lernen diskutiert. Im ersten Teilbereich wird die Hausaufgabenthematik hinsichtlich einer Begriffsdefinition und zu berücksichtigender Aspekte bei Untersuchungsergebnissen näher erörtert und ein Vorschlag gemacht, wie Schulen ihre Hausaufgabenpraxis anhand eines Reflexionsbogens analysieren können. Im zweiten Teilbereich soll das Heterogenitäts- und Homogenitätsprinzip in Verbindung mit der individuellen Förderung diskutiert werden, um darauf basierend Herausforderungen bezüglich der Implementierung von Förderformaten zu formulieren, Beispiele von Stundenplänen zu präsentieren und verschiedene Konzepte für derartige Formate inhaltlich vorzustellen. Im letzten Teilkapitel werden Förderbänder und -konzepte, die im Zusammenhang mit dem Fachunterricht stehen, hinsichtlich organisatorischer Überlegungen vorgestellt und anhand eines Schulbeispiels präsentiert.

Nach Helmke (2004) können neun Merkmale aufgezeigt werden, die die Qualität von Unterricht bestimmen:

1. Pädagogische Grundhaltungen der Lehrperson:
   Engagement, Lehrmotivation, subjektive Theorien, Selbstreflexion
2. Kontextbedingungen der Unterrichtsqualität
   (z. B. Lernorganisation, konstruktive Lernunterstützung)
3. Fachwissenschaftliche Expertise
4. Didaktische Expertise: Klarheit, Verständlichkeit,
   Strukturiertheit, Methodenvielfalt, Individualisierung

5. Motivierungsqualität: Motivationsförderung, voraussetzungsbezogene Anforderungen, Tempo
6. Klassenführung: Disziplin, Klassenmanagement, Bekräftigung
7. Diagnostische Expertise: Diagnosefähigkeit, Urteilsgenauigkeit
8. Qualität des Lehr- und Lern-Materials
9. Unterrichtsqualität – Lehr- und Lernzeit: nutzbare Unterrichtszeit, effektive Lernzeitnutzung, aktive Lernzeit

Eine effektive Nutzung der Zeit zum unterrichtlichen Lernen (Punkt 9 in der obigen Aufzählung) beruht somit u. a. auf dem praktizierten bzw. gewählten Zeitstruktur- bzw. Taktungsmodell der Einzelschule. Darauf und auf die damit verbundenen Chancen, Möglichkeiten und Erfordernisse soll im Folgenden der Blick gerichtet werden.

Pädagogische Chancen

Die Abkehr von der starren 45-Minutenunterrichtsstunde hin zu einem Unterrichten in größeren Minuteneinheiten und Blöcken kann dazu führen, dass sich die Lehr- und Lernkultur in den Schulen sukzessive verändert, so dass aus einer umgewandelten Zeitstruktur veränderte Lehr- und Lernbedingungen erwachsen. Unterricht muss zukünftig anderen Prinzipien folgen.

Doppelstunden oder größere Unterrichtseinheiten als 45 Minuten allgemein eröffnen die Möglichkeit, den Unterricht verändert – zum Wohle der Schülerinnen und Schüler, aber auch der Lehrkräfte – zu gestalten. Dies erfordert u. a. eine enge Zusammenarbeit und Kooperationen zwischen den Lehrkräften einzelner Klassenstufen und Fachschaften, aber auch zwischen Lehrkräften und dem weiteren pädagogisch tätigen Personal (beispielsweise im Rahmen von Teamteaching oder der Betreuung von Formaten, die die Erledigung von Übungs- bzw. Schulaufgaben zum Inhalt haben). Kooperationsaspekte werden somit immer wichtiger (vgl. Kamski, 2011).

Hausaufgaben bzw. Schulaufgaben

Die „traditionelle“ Hausaufgabenpraxis stellt viele Ganztagsschulen vor verstärkte Problemlagen, da diese häufig unreflektiert und unverändert aus dem Halbtagsschulgeschehen übernommen und fortgeführt wird. Der Leidensdruck hinsichtlich der Bewältigung von Übungsaufgaben ist mittlerweile in vielen

Ganztagsschulen so groß, dass Hausaufgaben sowohl von Lehrkräften als auch Eltern kritisch hinterfragt werden. Ursache dafür sind u. a. Umstände, die sich häufig zeitraubend und demotivierend auf das Unterrichtsgeschehen auswirken und sich als Konfliktpotential in Elternhäusern zeigen. Argumente für eine verstärkte Beschäftigung mit der Hausaufgabenthematik sind zum einen die mit der Hausaufgabenpraxis verbundene Überlastung der Schülerinnen und Schüler. Ein Großteil der Ganztagsschülerinnen und -schüler hat bei einer angenommenen Schulzeit von 08.00 bis 16.00 Uhr und einem Schulweg von 20 Minuten einen durchschnittlichen Schultag von mehr als neun Zeitstunden. Kommen dann noch zusätzliche Zeiten für Übungsaufgaben im häuslichen Umfeld (Hausaufgaben) dazu, so ergibt dies für viele Kinder und Jugendliche einen längeren Arbeitstag als von manch einem Erwachsenen. Ein weiteres Argument für die Beschäftigung mit Hausaufgaben ist die Frage, ob die den Hausaufgaben häufig zugeschriebenen positiven Effekte nicht innerhalb des nunmehr größeren zur Verfügung stehenden Zeitrahmens eines Schultages mit alternativen Methoden zu erzielen wären. Die radikalste Variante ist die Abschaffung der Hausaufgaben, die zweite die der im Rahmen des Ganztagsprogramms betreuten Hausaufgaben durch Lehrkräfte oder weiteres pädagogisch tätiges Personal. Und als drittes Argument kann hier auf das der Chancengerechtigkeit für Kinder unterschiedlicher sozialer und kultureller Herkunft hingewiesen werden und auf ein damit verbundenes Hereinnehmen ehemals häuslicher Arbeitszeiten in den Schultag, das als Beitrag zu einer Entkoppelung von sozialer Herkunft und Bildungserfolg interpretiert werden kann (vgl. Gängler & Marker, 2010).

Eine zunehmende Unzufriedenheit sowohl auf Lehrer- als auch auf Eltern- und Schülerseite scheint der Auslöser für eine sich verändernde Hauaufgabenpraxis zu sein. Es werden erste Schritte unternommen, wie zum Beispiel die Organisation eines pädagogischen Tages zu diesem Thema, um den Ursachen auf den Grund zu gehen. Ganztagsschulen entwickeln in der Folge alternative Konzepte, um schulische Übungs- und Vertiefungsgelegenheiten sicherzustellen. Es werden dafür verstärkt unterschiedliche Formate entworfen und erprobt. Dies geschieht oft in mühevoller Entwicklungsarbeit, wobei immer häufiger mehrere Komponenten innerhalb eines Formates bzw. einer Lerneinheit berücksichtigt werden:

- die traditionellen Hausaufgaben bzw. nunmehr Schulaufgaben finden Berücksichtigung,
- frei gestaltbare Lernphasen werden bedacht,
- Lernphasen mit vorbereiteten Materialien und fachspezifischer Förderung werden einbezogen,
- begleitende Beratungsmodelle für Schülerinnen und Schüler werden beachtet und
- die Dokumentation der Lernfortschritte sowie der bewältigten Hausaufgaben (nunmehr Schulaufgaben) wird berücksichtigt.

Pädagogisch und organisatorisch bedeutet dies in der Regel eine Neuorientierung, die von Schulen einiges abverlangt. Dieser Entwicklungsprozess erfolgt häufig parallel oder im Nachgang der zeitlichen Umstrukturierung der Unterrichtseinheiten[3].

ACHTUNG

Wichtig ist es auf die zwei unterschiedlichen Entwicklungslinien hinzuweisen, die jedoch in einem engen Zusammenhang stehen:

Zum einen setzen sich Schulen zunehmend mit der Effektivität bzw. Ineffektivität der „traditionellen" Hauaufgaben auseinander, reflektieren über die schuleigene Hausaufgabenpraxis und versuchen Konzepte zu entwickeln bzw. Absprachen zu treffen, wie sukzessive auf diese – in der Regel komplett aus dem Unterricht ausgegliederten – Übungsaufgaben verzichtet werden kann und wie sie im Endeffekt in den Unterricht zurückgeholt werden können. Auf der anderen Seite entwickeln sie häufig parallel dazu umfassende Förderkonzepte bzw. -bänder, um beispielsweise selbstreguliertes und selbstbestimmtes Lernen zu fördern, gezielt auf Neigungen, Vorlieben und Defizite der Schülerinnen und Schüler einzugehen, tutorielle Beratungsangebote bereitzuhalten und fachspezifisch zu fordern und fördern.

3 Im Rahmen der Diskussion um die Rhythmisierungsthematik kann die Veränderung der Taktung Entwicklungsprozessen auf der Schulebene, die der äußeren Rhythmisierung entsprechen, zugeordnet werden, wohingegen die Entwicklungsarbeit bezüglich der Hausaufgaben und fachspezifischen Förderthematik unter der inneren und individuellen Rhythmisierung subsumiert wird (vgl. Teilkapitel 1.3).

4.1 Das Ende der „traditionellen" Hausaufgaben?!

Hausaufgaben nehmen in der Schuldebatte eine herausgehobene Stellung ein, da mit diesen hohe Erwartungen an die fachliche Lern- und Leistungsförderung verbunden sind (vgl. Deckart-Peaceman, 2007).

Der größere zusammenhängende zur Verfügung stehende Zeitrahmen für den Unterricht birgt die Gelegenheit Lern-, Übungs- und Vertiefungsphasen direkt an den Unterricht zu koppeln und somit die „traditionellen"[4] Hausaufgaben letztendlich zurück in den Unterricht zu holen. Dieser Schritt ist u. a. deshalb notwendig, da die Erledigung der Hausaufgaben teilweise mit und ohne Unterstützung aus dem Elternhaus erfolgt, so dass der sogenannte Matthäus-Effekt eintritt. In der Lehr-Lern-Forschung besagt der Matthäus-Effekt, dass das Vorwissen einen wesentlichen Prädiktor des Lernerfolgs darstellt. Je mehr Vorwissen also ein Lerner hat und je besser er (z. B. durch sein Elternhaus) unterstützt wird, desto höheren Nutzen kann er aus einem bereitgestellten Lernangebot ziehen. Mit der Vergabe von Hausaufgaben und einer damit verbundenen Ungleichbehandlung im häuslichen Umfeld verstärkt die Schule folglich die bereits vorhandenen Leistungsunterschiede zwischen Schülerinnen und Schülern aus bildungsnahen und bildungsfernen Familien. Trotz dieses Arguments müssen für die Abschaffung der Hausaufgaben große inhaltliche Überzeugungsschritte gegangen, organisatorische Anstrengungen unternommen und letztendlich pädagogische Entscheidungen getroffen werden.

4.1.1 Hausaufgaben als Bestandteil von Schule

Mit Hausaufgaben (aus der Halbtagsschule) und nunmehr Übungsaufgaben in der Ganztagsschule werden auf die Leistungsfunktion bezogene zentrale Absichten verbunden, wobei es vorrangig um Lern-, Übungs- und Vertiefungsmöglichkeiten geht. Sie werden zudem mit Erziehungszielen gekoppelt, die sich auf die Entwicklung von Selbstständigkeit und Selbstverantwortung bei der

4 Mit „traditionellen" Hausaufgaben sind jene Aufgaben gemeint, die bis dato i. d. R. am Ende des Unterrichts aufgegeben werden, komplett aus dem Unterrichtsgeschehen ausgelagert sind und zuhause oder zum Teil in der Schule, in dafür vorgesehenen Formaten erledigt werden können. Eine Rückmeldung bzw. Würdigung der Aufgaben für die Schülerinnen und Schüler erfolgt häufig ohne erkennbare Systematik oder auch gar nicht.

Bearbeitung der Aufgaben und dem Entwickeln von Lernstrategien und Arbeitstechniken beziehen. Dadurch soll u. a. das Selbstkonzept und Selbstvertrauen der Schülerinnen und Schüler gestärkt werden. Aufgrund des erweiterten zur Verfügung stehenden Zeitrahmens in Ganztagsschulen können bzw. sollen die Übungsaufgaben nun dort bewältigt werden.

(1) Begriffsbestimmung

Mit der Vergabe der Hausaufgaben (Übungaufgaben) wird auf didaktisch methodische und erzieherische Funktionen verwiesen, die gestärkt werden sollen (vgl. u. a. Nilshon, 1999; Höhmann & Schaper, 2008). Der Übungs- und Verfestigungsaspekt sowie der Anwendungs- und Übertragungsaspekt stellen die zentralen Säulen hinsichtlich der didaktisch methodischen Funktion dar.

Pakulla, Wudke und Nicolai beschreiben Hausaufgaben als Übungsaufgaben, die im Zusammenhang mit dem Unterricht stehen sollen, aber außerhalb des Unterrichts erledigt werden. Es gilt hierbei zu bedenken, das ihre Beschreibung aus dem Kontext von Halbtagsschulen stammt:

- Unter „Hausaufgaben" werden alle Aufgaben verstanden, die sich für den Schüler aus den didaktischen Zielsetzungen des Unterrichts (...) ergeben und außerhalb der Unterrichtsstunde gelöst werden (vgl. Pakulla, 1967, S. 9).
- Unter Hausaufgaben werden hier alle von der Schule direkt und indirekt eingeforderten Lern- und Übungstätigkeiten der Schüler in der Familie, im Hort oder in Silentien verstanden, die auf den fortlaufenden Unterricht und die andauernden Test- und Prüfungssituationen bezogen sind. Diese Definition schließt nachbereitende und vorbereitende Aufgaben ein wie auch jene, die Eltern oder Schüler hinzufügen, um die täglichen Tests zu bestehen: Nachhilfen, Vorhilfen, Zusatzübungen, freiwillige Arbeitsaufträge (vgl. Wudke, 1985, S. 333).
- Hausaufgaben sind Aufgaben, die in direkter Relation zum jeweiligen schulischen Lernkontext stehen und das außerschulische Lernen der Schülerinnen und Schüler als eine Fortsetzung bzw. Erweiterung des Unterrichts konstruieren (vgl. Nicolai, 2005, S. 14).

Die Definitionen beziehen sich sowohl auf die Funktion als auch den Ort, an dem die Aufgaben erledigt werden. Bezogen auf Ganztagsschulen bedeutet dies, dass „Hausaufgaben“ sowohl in der Schule – womit es nun „Schulaufgaben“ sind, in dafür vorgesehenen Zeiten, als auch (zusätzlich) zuhause erledigt werden können.

(1) Effektivität von Hausaufgaben

Welche Effekte Hausaufgaben haben, erscheint als eine der zentralen Fragen in der Diskussion. Diese Frage ist jedoch nicht pauschal zu beantworten. Darauf weist Henze bereits 1978 hin.

> **Die Effektivität von Hausaufgaben bzw. Schulaufgaben**
>
> Die Effektivität von Hausaufgaben muss spezifiziert, Einschränkungen müssen vorgenommen und Hypothesen aufgestellt werden. Da Hausaufgaben in einer kaum überschaubaren Menge unterschiedlicher pädagogischer Situationen gestellt werden, werden sich empirische Untersuchungen immer auf einen kleinen Ausschnitt beschränken müssen (z. B. Hausaufgaben in Mathematik in den Klassenstufen 5 an Gymnasien).

Zudem geht es darum, zu fragen, inwieweit die in einer Situation bzw. in einem Experiment gewonnenen Erkenntnisse auf andere Fälle und Situationen verallgemeinert werden können. Zum Beispiel bei einem Vergleich von zwei Bedingungen:
- Unterricht und Erteilung von Hausaufgaben.
- Unterricht ohne Erteilung von Hausaufgaben.

Es könnten andererseits jedoch auch verschiedenen Hausaufgabenformen im Hinblick auf ihre Effektivität untereinander verglichen werden.

Ein weiterer zu erörternder Aspekt ist der nach der **Definition von Effektivität:** Was ist mit „Effektivität“ von Hausaufgaben dezidiert gemeint und lässt sich diese Effektivität empirisch bestimmen? Die Effektivität von Hausaufgaben wird nicht absolut, sondern in der Regel relativ in Bezug auf den Unterricht gesehen. Alle Autorinnen und Autoren, die die Effektivität von Hausaufgaben empirisch untersuchen, weisen darauf hin bzw. gehen davon aus, dass bei der Komplexität des Problems eine Eingrenzung erforderlich ist. Sie beschränken sich in ihren Untersuchungen auf didaktische Funktionen von Hausaufgaben. Diese Beschränkung hat zur Folge, dass deren Auswirkung in irgendeiner Form gemessen werden soll. Wittmann (1964) fokussiert in seiner Untersuchung beispielsweise auf die Auswirkungen auf das „kognitive Leistungsverhalten“ der Schülerinnen und Schüler.

Wird in den Studien auf die Leistung fokussiert, so fordert Henze bereits 1978 folgende Aspekte zu berücksichtigen:

- Die genaue Definition der Effektivität von Hausaufgaben durch einen beschriebenen Test bzw. ein Prüfverfahren.
- Die inhaltliche Orientierung des Messverfahrens am Unterricht, der im Versuchszeitraum gehalten wurde.
- Die ausreichende Größe der Streuung der Testwerte (über die Schülerinnen und Schüler).

Mit diesen Ausführungen und Hinweisen soll an dieser Stelle auf einen bedachten Umgang bzw. achtsame Interpretationen mit pauschalen Aussagen im Hinblick auf die Effektivität bzw. Ineffektivität von Hausaufgaben ausdrücklich hingewiesen werden. Lediglich verallgemeinernd kann gesagt werden, dass vorliegende Studien, überwiegend aus dem Halbtagsschulkontext, widersprüchliche Ergebnisse hinsichtlich der Effektivität aufweisen (vgl. u. a. Lipowsky, 2004). Weisen die einen auf Vorteile hin, so werden in anderen Arbeiten Nachteile diskutiert. Wie bereits erörtert, gilt es die Untersuchungsergebnisse akribisch nach dem Vorhandensein von Aspekten, wie die Definition der Effektivität durch ein beschriebenes Testverfahren, zu überprüfen. Bisher stehen zudem aus dem Ganztagsschulbereich kaum Forschungsergebnisse zur Verfügung (vgl. u. a. Gängler & Markert, 2010, Nordt 2013).

4.1.2 Die „traditionelle“ Hausaufgabenpraxis hinterfragen

(1) Grundannahme

Den folgenden Ausführungen liegt die Annahme zugrunde, dass die bis dato „traditionellen“ Hausaufgaben bzw. Schulaufgaben in Ganztagsschulen, unabhängig davon, ob sie in gebundener, teilgebundener oder offener Form geführt werden, von einem Teil der Lehrkräfte in unveränderter Art und Weise eingesetzt werden. Nicht berücksichtigt wird hierbei einerseits, dass die Ganztagsschülerinnen und -schüler länger in der Schule verbleiben als Halbtagsschüler/-innen. Andererseits wird jedoch auch nicht darauf eingegangen, dass die Zeiteinheiten, die zur Erledigung dieser „Übungsaufgaben" bzw. „Hausaufgaben" im Tages- bzw. Wochenverlauf vorgesehen sind, vielerorts nicht ausreichen, um den Umfang der aufgegebenen Übungsaufgaben für alle Fächer zu bewältigen.

Hausaufgaben bzw. Schulaufgaben werden also erteilt und Schülerinnen und Schüler sollen diese Übungsaufgaben außerhalb des Unterrichts erledigen. Teilweise werden diese Übungsaufgaben im Rahmen von Wochenplanarbeit aufgegeben oder sie werden in der herkömmlichen Art und Weise gestellt. Können die Haus-, Schul- bzw. Übungsaufgaben dort nicht fertiggestellt werden, müssen die Schülerinnen und Schüler sie zur Fertigstellung mit in die Elternhäuser nehmen.

Das Dilemma zeigt sich auf drei Ebenen:

1. dass die Übungs- bzw. Hausaufgaben als aus dem Unterricht ausgelagerte Elemente verstanden werden,
2. dass die vorgesehenen Zeiteinheiten/-fenster/-formate in der Schule in den seltensten Fällen für die Erledigung dieser Aufgaben für alle aufgabengebenden Fächer ausreichen (wenig bis keine Absprachen zwischen den hausaufgabengebenden Lehrkräften),
3. dass Unterstützungsleistungen für die Hausaufgaben sowohl von Eltern als auch von Kräften erbracht werden, die z. B. Silentien betreuen, diese Unterstützungsleistungen jedoch im Hinblick auf den Sinn der Übungsaufgaben nicht berücksichtigt werden.

(2) Pro und Contra

Wird mit Lehrkräften (z. B. im Rahmen von pädagogischen Tagen) an der Hausaufgabenthematik gearbeitet, so lassen sich in der Regel im Hinblick auf den Sinn und Unsinn von traditionellen Hausaufgaben zwei Hauptgruppen identifizieren:

1. Befürworter (Hardliner)
2. Gegner (Reformer)
3. Liberale

Ausdrücklich sei an dieser Stelle darauf hingewiesen, dass überall, wo es schwarz und weiß gibt, es selbstverständlich auch Zwischentöne gibt! Sie können in diesem Fall als „Liberale" bezeichnet werden, die sowohl Vor- als auch Nachteile aus dieser Art von Übungsaufgaben erkennen.

Befürworterinnen und Befürworter von Hausaufgaben verweisen in der Regel auf den übenden, selbstbestimmenden und selbstregulierenden Charakter und die damit verbundenen Arbeitsweisen. Sie stützen ihre Argumente u. a. mit dem Hinweis auf die sich erweisenden Lernchancen für die Schülerinnen und Schüler. **Hausaufgabenreformer bzw. -skeptikerinnen und -skeptiker** stellen den Ertrag von Hausaufgaben in Frage, lehnen eine Disziplinierungs- und Nachholfunktion der Aufgaben ab und verweisen auf ungleiches elterliches Unterstützungsvermögen (vgl. Matthäus-Effekt).

Beide Positionen argumentieren auf unterschiedlichen Ebenen. Es gilt daher weitere Aspekte hinzuzuziehen, um den Sinn bzw. Unsinn von traditionellen Hausaufgaben vertiefend diskutieren zu können. Zu nennen ist etwa die (zusätzliche) zeitliche Belastung für die Schülerinnen und Schüler in Ganztagsschulen im Verhältnis zu jenen, die die Schule halbtägig besuchen.

(3) Ministerielle Vorgaben

Die Kultusministerkonferenz hat sich bezüglich der Definition der Ganztagsschulformen auf den mittlerweile allseits bekannten Minimalkonsens von drei Tagen die Woche mit mindestens täglichen sieben Zeitstunden geeinigt. Hinsichtlich des Umgangs mit Hausaufgaben wurden auf dieser Ebene keine gemeinsamen Entscheidungen getroffen. Bedingt durch das Föderalismusgesetz können die deutschen Bundesländer für sich entscheiden, wie damit umgegangen wird.

Nordrhein-Westfalen hat beispielsweise in seinem Hausaufgabenerlass (BASS 12-31 vom 1.7.2007) entschieden

„1. Hausaufgaben ergänzen die schulische Arbeit, deren wesentlicher Teil im Unterricht geleistet wird. ***Ganztagsschulen sollen Hausaufgaben in das Gesamtkonzept des Ganztags integrieren, sodass es möglichst keine Aufgaben mehr gibt, die zu Hause erledigt werden müssen.*** *[...]*

2.1 [...] müssen aus dem Unterricht erwachsen und wieder zu ihm zurückführen [...]

3.1 [...] An Tagen mit Nachmittagsunterricht werden keine Hausaufgaben für den Unterricht des folgenden Tages gestellt.

3.2 In Schulen mit 5-Tage-Woche können von Freitag zu Montag Hausaufgaben gegeben werden, wenn am Freitag kein Nachmittagsunterricht stattfindet oder wenn nicht mehr als zwei Stunden Nachmittagsunterricht erteilt werden. [...]

3.3 Hausaufgaben sollen so bemessen sein, dass sie, bezogen auf den einzelnen Tag, in folgenden Arbeitszeiten erledigt werden können: [...] für die Klassen 5 und 6 in 90 Minuten, für die Klassen 7 bis 10 in 120 Minuten. [...]"

Im Ganztagsschulerlass vom 1.7.2010 (BASS 12-63 Nr. 2) wurde zudem festgelegt, dass Ganztagsschulen unterstützend zu den Hausaufgaben beitragen sollen,

„1.2 [...] insbesondere durch

- *eine sinnvoll rhythmisierte Verteilung von Lernzeiten auf den Vormittag und den Nachmittag, die erfolgreiches Lernen unterstützt, [...]*
- *[...] Schaffung von Möglichkeiten zum Üben und zur Entwicklung der Fähigkeit zum selbstständigen Lernen und Gestalten [...]*

2.1 Das Ganztagskonzept der Schule [...] beinhaltet: [...]

- *verbindliche Vorgaben zur Gestaltung und zum zeitlichen Umfang von Phasen selbstständigen Lernens und Übens in der Schule und Anregungen für das selbstständige Lernen zu Hause."*

Durch diese Vorgaben wurde eine Richtung vorgegeben, die eine sukzessive Veränderung der Hausaufgaben- bzw. Schulaufgabenpraxis vorsieht. Die einzelnen Bundesländer unterscheiden sich in der Regel nicht gravierend in ihren Aussagen. Schulen haben die gesetzliche Möglichkeit Hausaufgaben zu geben, es ist ihnen jedoch i. d. R. freigestellt, in Teilen oder komplett darauf zu verzichten und sie als Übungsphasen in den Unterricht und den Tages- bzw. Wochenablauf zu integrieren.

(4) Hausaufgaben in der Ganztagsschule

Übertragen auf die Ganztagsschule bedeutet dies, dass in den Schulen, in denen Hausaufgaben aufgegeben werden, diese nunmehr im Rahmen des ganztägigen Aufenthaltes erledigt werden sollen. Zumal Ganztagsschülerinnen und -schüler mindestens drei Tage die Woche mindestens sieben Zeitstunden in der Schule verbringen. Wird eine Kernzeit von 08.00 Uhr bis 15.00 Uhr angenommen und werden Schulwege vom und zum Elternhaus einkalkuliert, so ist es nicht ungewöhnlich, dass Schülerinnen und Schüler aller Schulformen eine große Anzahl an Stunden in und auf dem Weg von und zur Schule verbringen, die in etwa 35 bis 40 Stunden beträgt. Kommen dazu noch Zeiten, die mit der Bearbeitung von Hausaufgaben zugebracht werden müssen, so haben Kinder und Jugendliche teilweise längere Arbeitszeiten pro Woche als Erwachsene. Wagner, Jäger & Stuck (2005) haben in ihrer Untersuchung festgestellt, dass 95,4 % der Halbtagsschülerinnen und -schüler ihre „Hausaufgaben“ im Verlauf des Nachmittags erledigen. 6,8 % arbeiten am Abend an den Aufgaben und 0,3 % verfassen sie am Morgen vor der Schule. Ganztagsschülerinnen und -schüler bewältigen in nahezu identischem Umfang (95,3 %) ihre Hausaufgaben bzw. in deren Fall „Schulaufgaben“ am Nachmittag. Am Abend hingegen arbeiten noch 10,5 % von ihnen an den Aufgaben und von 1,4 % dieser Kinder und Jugendliche werden sie am Morgen vor der Schule erledigt. Dies rechtfertigt die Annahme, dass der Hausaufgabenthematik in Ganztagsschulen derzeit noch nicht ausreichend Aufmerksamkeit geschenkt wird bzw. dass die pädagogischen Chancen, die Ganztagsschulen bieten, noch nicht hinreichend genutzt werden (können).

(5) Fazit

Hausaufgaben bzw. Schulaufgaben sollten kein Anlass für Misserfolgserlebnisse sein. Genau so wenig sollen sie zu einer Schwächung des Selbstkonzeptes der Schülerinnen und Schüler führen oder einem konkurrenzhaften Vergleich in der Lerngruppe dienen. Übungsaufgaben müssen in Ganztagsschulen in den Schultag integriert und zurück in den Unterricht geholt werden.

Gängler und Markert (2010) haben anhand der Ergebnisse ihrer Untersuchung darauf hingewiesen, dass sie annehmen, wenn Ganztagsschulen ihren traditionellen Umgang mit Hausaufgaben beibehalten, müssen vielerorts die Schülerinnen und Schüler auf jeden Fall Hausaufgaben mit nach Hause nehmen, und zwar unabhängig davon, ob sie an der Hausaufgaben- bzw. Schulaufgabenbetreuung teilnehmen (vgl. Gängler & Markert, 2010, S. 81). Inwiefern eine Unterstützung aus dem Elternhaus gewünscht oder gar erwartet wird, ist in Schulen selten einheitlich geklärt oder etwa schriftlich ausformuliert. Dies führt in vielen Familien zu großen Irritationen und Konflikten. Wie Eltern über die Unterrichtsinhalte und den Lernstand ihrer Kinder informiert werden, ist ein weiterer Punkt, der in der Hausaufgabendebatte unbedingt beachtet werden muss, da Hausaufgaben häufig das einzige Verbindungsglied zwischen Schule und Elternhaus darstellen. Eltern bekommen in diesem Fall lediglich über die zu erledigenden Aufgaben (und die Art und Weise des Umgangs ihrer Kinder damit) schulische Inhalte mit. Entwickeln nun Schulen mühsam Konzepte, um sich ihrer traditionellen Hausaufgabenpraxis zu entledigen, versäumen dabei aber, die Eltern mit auf den Weg zu nehmen und ihnen die dahinter verborgenen pädagogischen Intentionen zu vermitteln, so kann dies zu großen Irritationen zwischen Schule und Elternhaus führen. Es ist unbedingt erforderlich, dass Eltern möglichst kleinschrittig über die Absichten informiert werden, die mit einem Verzicht auf Hausaufgaben verfolgt werden. Es gilt jedoch auch zu berücksichtigen, dass für manche Eltern eine Information über den schulischen Fortschritt ihrer Kinder nicht von Interesse ist. Ihre Kinder erhalten i. d. R. auch keine Unterstützung bei der Bewältigung der Übungsaufgaben im Elternhaus. Hausaufgaben können sich infolge der aufgeführten Punkte als große soziale Ungerechtigkeit erweisen, da Unterstützung jedweder Art nicht überall leistbar bzw. möglich ist.

4.1.3 Reflexionsbogen

Ganztagsschulen setzen sich zunehmend mit der Effektivität bzw. Ineffektivität und der sozialen Gerechtigkeit der traditionellen Hausaufgabenpraxis auseinander. Schnelle Lösungen kann es dort nicht geben, werden in diesem Zusammenhang doch ureigene Verhaltensweisen, mentale Modelle und Vorstellungen vom Lernen bei den Lehrkräften hinterfragt.

Um Lehrkräfte, aber auch weiteres pädagogisch tätiges Personal, Eltern und Schülerinnen und Schüler in einen fundierten Diskurs über die Hausaufgabenthematik zu bringen, bieten sich folgende Aussagen zur Reflexion und als Ausgangspunkt an (siehe auch Reflexionsbogen auf Seite 114).

Statements zur Hausaufgaben- bzw. Übungspraxis

1. Meinen Schüler/innen sind **die Ziele klar**, die ich mit den Übungsaufgaben verfolge.
   Meinen Eltern sind **die Ziele klar**, die wir verfolgen, indem wir keine Hausaufgaben mehr aufgeben.
2. Ich erwarte von Kollegen und Kolleginnen in den Lernzeiten für meine Schüler/innen (bei Bedarf) **Unterstützung** bei der Erledigung meiner Übungsaufgaben.
3. Ich erwarte **Unterstützung** von Eltern/Müttern/Angehörigen bei der Erledigung meiner Übungsaufgaben, wenn diese in der Schule nicht fertiggestellt wurden.
   Falls meine Schüler/innen die Übungsaufgaben in der Schule nicht erledigen können, berücksichtige ich im Voraus bei der Vergabe die intellektuellen und materiellen **Ressourcen der einzelnen Elternhäuser**, so dass Unterstützung/Hilfe möglich ist.
4. **Die Eltern** wissen, wie ich die Übungsaufgaben erledigt haben möchte.
5. Ich habe eine **maximale Zeitspanne** für die Erledigung der Übungsaufgaben festgesetzt, nach deren Ablauf die Arbeit beendet werden kann.
6. **Wann** gebe ich die Übungsaufgaben in der Klasse auf?
7. **Wie** gebe ich die Übungsaufgaben auf?
8. Meine Schüler/innen erhalten von mir **Rückmeldung** über ihre Übungsaufgaben.
9. Ich stelle Übungsaufgaben, die meine Schüler/innen alleine und **selbstständig erledigen** können.

10. Ich habe **Absprachen/Vereinbarungen** mit meinen **Kolleginnen** und **Kollegen** bezüglich der (Vergabe von) Übungsaufgaben getroffen.
11. Alle Schüler/innen einer Klasse bekommen **identische Übungsaufgaben**.

Der ausführliche und erweiterte Fragebogen (Reflexionsbogen auf Seite 114) ist so aufgebaut, dass eine Selbsteinschätzung der Vergabepraxis für Übungs- bzw. Hausaufgaben von Lehrkräften vorgenommen werden kann. Dafür ist unter jeder Frage Freiraum für Bemerkungen. Zudem ist eine Skala abgebildet, die vier Antwortmöglichkeiten zulässt (trifft voll und ganz zu; trifft eher zu; trifft eher nicht zu; trifft gar nicht zu). Es bietet sich an, den Fragebogen von Lehrkräften im Rahmen eines pädagogischen Tages ausfüllen zu lassen, der sich mit der Hausaufgaben-Übungsaufgabenthematik befasst. Die Beantwortung folgender Fragen im Rahmen von Kleingruppenarbeit durch das Kollegium hat sich dabei erfahrungsgemäß zudem als sehr zielführend herausgestellt:

Arbeitsauftrag für das Kollegium

Diskutieren Sie in der Kleingruppe die folgenden Punkte mit Blick auf Ihre Praxis rund um das Thema „Hausaufgaben/Übungsaufgaben“:

1. Gesichtspunkte/Aspekte/Praxiselemente, mit denen Sie zufrieden sind bzw. die Sie als gelungen betrachten.
2. Gesichtspunkte/Aspekte/Praxiselemente, die Sie entwickeln bzw. weiterentwickeln sollten.

Indem der Fragebogen von Lehrkräften ausgefüllt wird, ist im Rahmen einer Auswertung (die durch Mitglieder aus dem Kollegium, der Steuergruppe oder auch einer externen Person wie einer Schulentwicklungsberaterin durchgeführt wird) eine Ist-Stand-Analyse der Hausaufgabenpraxis an der Einzelschule möglich. Die Darstellung der ausgewerteten Ergebnisse aus der Fragebogenerhebung sowie die Darstellung der Erträge aus der Gruppenarbeitsphase können den ersten Schritt für einen beginnenden Entwicklungsprozess darstellen. Mit der Beantwortung der zweiten Frage benennt das Kollegium i. d. R. bereits eigene

Themenschwerpunkte, die es zukünftig zu bearbeiten gilt. Es müssen dann Zuständigkeiten geklärt, Arbeitsgruppen eingerichtet und Meilensteine festgelegt werden. Die Ergebnisse des ersten Teils der Gruppenarbeit präsentieren die funktionierende und gelungene Hausaufgaben- bzw. Übungspraxis. Sie gilt es unbedingt prominent zu präsentieren, denn häufig ist der Blick defizitorientiert und die gute Praxis wird nicht deutlich.

Reflexionsbogen Hausaufgaben					
	Bitte zutreffende Ziffer ankreuzen ▶ *1 = trifft **gar nicht** zu* *2 = trifft **eher nicht** zu* *3 = trifft **eher** zu* *4 = trifft **voll und ganz** zu*	1	2	3	4
Fragen mit Platz für eigene Kommentare.					
1.	Meinen **Schüler/innen** sind **die Ziele klar**, die ich mit der **Vergabe von Hausaufgaben/ Übungsaufgaben** verfolge. *(didaktischer Nutzen, Methodenkompetenz, Fachkompetenz, Selbstkompetenz, Disziplinierung etc.)*				
	Wenn ja, 1. wo .... 2. wie .... 3. in welcher Form .... haben Sie dies Ihren Schüler/innen mitgeteilt?				
2.	Meinen **Eltern** sind **die Ziele klar**, die ich mit der **Vergabe von Hausaufgaben/ Übungsaufgaben** verfolge. *(didaktischer Nutzen, Methodenkompetenz, Fachkompetenz, Selbstkompetenz, Disziplinierung etc.)*				
3.	Meinen **Eltern** sind **die Ziele klar**, die wir verfolgen, indem wir **keine Hausaufgaben** mehr aufgeben.				
	Wenn ja, 1. wo/wann .... 2. in welcher Form .... haben Sie dies Ihren Eltern mitgeteilt?				
4.	Ich erwarte in den **„Lernzeiten"** für meine Schüler/innen (bei Bedarf) **Unterstützung** von **Kollegen und Kolleginnen.**				
5.	Die **Kolleginnen und Kollegen** in den „Lernzeiten" **wissen**, wie ich die Übungsaufgaben **erledigt haben möchte.** (alleine, selbstständig, mit (minimaler/maximaler) Unterstützung im Hinblick auf ??? etc.)				

Reflexionsbogen Hausaufgaben					
	Bitte zutreffende Ziffer ankreuzen ▶ *1 = trifft **gar nicht** zu* *2 = trifft **eher nicht** zu* *3 = trifft **eher** zu* *4 = trifft **voll und ganz** zu*	1	2	3	4
	Wenn ja, 1. wo/wann .... 2. in welcher Form .... haben Sie dies Ihren Kolleginnen und Kollegen mitgeteilt?				
6.	Ich erwarte **Unterstützung** von **Eltern**/Familienangehörigen/Sonstigen bei der Erledigung meiner Übungsaufgaben/Hausaufgaben, wenn diese **in der Schule nicht fertiggestellt wurden**.				
7.	**Die Eltern** wissen, wie ich die Übungsaufgaben/Hausaufgaben **erledigt haben möchte**. (alleine, selbstständig, mit (minimaler/maximaler) Unterstützung im Hinblick auf ??? etc.)				
	Wenn ja, 1. wo/wann .... 2. in welcher Form .... haben Sie dies Ihren Eltern mitgeteilt?				
8.	*Nur zu beantworten, wenn Frage Nr. 7 mit 1 oder 2 beantwortet wurde.* Falls meine Schüler/innen die Übungsaufgaben in der Schule nicht erledigen können, berücksichtige ich bei der Vergabe der Übungsaufgaben die intellektuellen und materiellen **Ressourcen der einzelnen Elternhäuser**, so dass Unterstützung/Hilfe möglich ist. *(Vokabeln abhören, Texte vorlesen etc. = Sprache)* *(inhaltliche Unterstützung bei beispielsweise Mathematikaufgaben, grammatikalischen Aufgaben etc.)* *(Recherchearbeiten = Internet/Bücher/Bibliothek; Arbeitsplatz: eigenes Zimmer, Küche etc.)*				
9.	Ich habe eine **maximale Zeitspanne** für die Erledigung der Hausaufgaben/Übungsaufgaben festgesetzt, nach deren Ablauf die Arbeit beendet werden kann.				
	Wenn ja, 1. *wie groß ist diese Zeitspanne für welche Jahrgangsstufe?*				
10.	**Wann** gebe ich die Hausaufgaben/Übungsaufgaben in der Klasse auf?				
	Vor Stundenschluss (vor dem Klingeln)				
	Während dem Stundenschluss (während des Klingelns)				
	Nach Stundenschluss (nach dem Klingeln)				

Reflexionsbogen Hausaufgaben					
	Bitte zutreffende Ziffer ankreuzen ▶ *1 = trifft **gar nicht** zu* *2 = trifft **eher nicht** zu* *3 = trifft **eher** zu* *4 = trifft **voll und ganz** zu*	1	2	3	4
11.	**Wie** gebe ich die Hausaufgaben/Übungsaufgaben auf?				
	Schriftlich: an der Tafel				
	Schriftlich: in ein Heft				
	Schriftlich: im Internet hinterlegt				
	Mündlich				
12.	Meine Schüler/innen erhalten von mir **Rückmeldung** über ihre Hausaufgaben/ Übungsaufgaben.				
	1.*In welcher Form [kollektiv, selektiv, schriftlich, mündlich] erhalten sie Rückmeldung?* .... *2. Wie häufig erfolgt welche Form der Rückmeldung?*				
13.	Ich stelle Hausaufgaben/Übungsaufgaben, die meine Schüler/innen alleine und **selbstständig erledigen** können?				
14.	Ich erkenne, wenn meine Schülerinnen und Schüler ihre Hausaufgaben/ Übungsaufgaben **NICHT alleine und selbstständig erledigt haben.**				
15.	Ich reagiere NICHT darauf, wenn ich erkenne, dass meine Schüler/innen ihre Hausaufgaben/ Übungsaufgaben nicht alleine und selbstständig erledigt haben.				
16.	Ich habe **Absprachen/Vereinbarungen** mit meinen **Kolleginnen** und **Kollegen** bezüglich der (Vergabe von) Hausaufgaben/Übungsaufgaben getroffen.				
17	Alle Schüler/innen einer Klasse bekommen **identische** Hausaufgaben/ Übungsaufgaben.				

eigene Darstellung

Abbildung 16: Fragen des Reflexionsbogens für die Hausaufgabenpraxis

Die Aussagen eines 12-jährigen Schülers einer Ganztagsschule verdeutlichen exemplarisch das Dilemma der Hausaufgabenpraxis in manchen Schulen.

> *„Am schlimmsten ist es dienstags, da haben wir keine Freiarbeitsstunde. Und wir kriegen in jedem Fall Hausaufgaben und manchmal sind noch welche vom Vortag übrig. Und wenn ich um viertel nach vier nach Hause komme, dann muss ich gleich zum Fußball, das geht dann bis um sechs. Und wenn ich wieder zu Hause bin, dann kommt mein Vater und macht den Fernseher an. So laut, da kann ich mich nicht konzentrieren. Und im Kinderzimmer ist noch mein kleiner Bruder und macht auch Krach und ich soll dann Hausaufgaben machen, aber das geht nicht. Meine Mutter schreit dann oft, jetzt seid mal alle ruhig, aber das hilft auch nicht viel. Wenn es Abendessen gibt, so um sieben, dann krieg ich oft Panik wegen der Hausaufgaben. Aber vor allem wenn wir dann auch noch eine Arbeit schreiben. Manchmal mache ich sie dann noch schnell. Aber Mathe schaff ich sowieso nicht, die Textaufgaben. Mein Vater kann mir nicht helfen. Und meine Mutter auch nicht. Meine Mutter geht abends arbeiten, die macht da Büros sauber. Ich bin froh, dass ich mit dem Schulbus fahre, da kann ich dann die Hausaufgaben abschreiben, das merkt keiner."*
>
> *(Dominik, 12 Jahre)*

4.2 Förderformate: Impulse und Konzepte

Ganztagsschulen entwickeln parallel zur Bearbeitung der originären Hausaufgabenthematik alternative Entwürfe, die sowohl konzeptionelle, strukturelle als auch organisationsbezogene Fragestellungen tangieren und Aspekte des Lernens und Förderns berücksichtigen.

4.2.1 Leistungshomogenität und Leistungsheterogenität

Um Konzepte für Förderformate pädagogisch und organisatorisch fundiert entwickeln zu können, ist es erforderlich sich mit Aspekten der Leistungsheterogenität auseinanderzusetzen, zumal u. a. Zielgruppen und Förderkriterien wie etwa der Leistungsstand der einzelnen Schülerinnen und Schüler begründet darzustellen sind.

Heterogenität gilt heute als zentraler Aspekt für die Qualitätsentwicklung in Unterricht und Schule. In der Erziehungswissenschaft wird von Heterogenität gesprochen, indem auf die Unterschiedlichkeit individueller Lernvoraussetzungen bzw. auf die „Abweichung" von einer Norm abgehoben wird (Brügelmann, 2002). Heterogenität deutet an, dass eine Lerngruppe nicht (mehr) als Gruppe mit gleichen Voraussetzungen und Bedingungen gesehen wird. Sie bezieht sich folglich auf bestimmte Merkmale von Schülerinnen und Schülern, die sich vor allem hinsichtlich verschiedener sozialer, kultureller und kognitiver Lernvoraussetzungen zeigen.

Heterogenität wird im Rahmen von Klassifizierungsmodellen in Dimensionen differenziert. So können acht Unterschiede identifiziert werden

1. hinsichtlich der kognitiven Lernvoraussetzungen
2. in den sprachlichen Kompetenzen, vor allem in der Schulsprache „Deutsch"
3. in den sozialen Kompetenzen
4. hinsichtlich der Interessen und Neigungen sowie in der Leistungsmotivation und dem Verhältnis zu den Lehrkräften
5. in den psychischen und gesundheitlichen Voraussetzungen
6. hinsichtlich des Alters
7. in den Traditionen und Werten, die ihrerseits durch die kulturelle und soziale Herkunft der Schülerinnen und Schüler geprägt sind
8. in der geschlechtsspezifischen Sozialisation.

(vgl. Heyer, Preuss-Lausitz und Sack, 2003)

Dieses Modell eignet sich für eine Ist-Stand-Analyse hinsichtlich der praktizierten Förderung bzw. Förderelemente in einer Ganztagsschule.

Darüber hinaus lassen sich Unterschiede in den fachlichen Leistungen festhalten, die häufig als *Leistungsheterogenität* bezeichnet wird. Darunter ist jene Dimension zu verstehen, die auf die unterschiedlichen Leistungsstufen von Schülerinnen und Schülern abhebt, die sich in deren Noten spiegeln.

Die Debatte um leistungshomogene und leistungsheterogene Lerngruppen beschäftigt sich mit der Frage, welche Art der Zusammensetzung von Lerngruppen günstigere Bedingungen für das Lernen schafft, damit möglichst alle Schülerinnen und Schüler hinsichtlich des Lernerfolgs profitieren können. Sowohl homogene (nach Leistung gruppierte Lerngruppen) als auch heterogene Lerngruppen (Schülerinnen und Schüler mit unterschiedlichen Voraussetzungen) haben im Rahmen des Unterrichtens Vor- und Nachteile. Sowohl Gegner als auch Befürworter der Leistungshomogenisierung nehmen jedoch *„glaubhaft für sich in Anspruch, ‚das Beste' für die SchülerInnen zu wollen"* (Graumann, 2002, S. 11 in Scharenberg, 2012, S. 33). Es zeigt sich in der Praxis, dass in Konzepten von Förderformaten in Ganztagsschulen heterogene und homogene Lerngruppen in unterschiedlicher Ausprägung berücksichtigt werden.

Was wird unter Leistungshomogenisierung verstanden? Klafki und Stöcker (1985) bezeichnen *externe bzw. äußere Differenzierung* als eine Form der Leistungshomogenisierung. Hierbei werden Schülerinnen und Schüler nach bestimmten Auswahlkriterien (z. B. Leistungsniveau oder Interesse) in Gruppen aufgeteilt und räumlich getrennt. Sie können dabei auch von verschiedenen Lehrkräften und zu verschiedenen Zeiten unterrichtet werden. Im Rahmen der *inneren Differenzierung* wird eine Leistungsdifferenzierung innerhalb einer gemeinsam unterrichteten Lerngruppe vorgenommen. So sollen die Stigmatisierung von Schülerinnen und Schülern in leistungsschwächeren Lerngruppen und eventuelle Nachteile einer externen Differenzierung vermieden werden. In der Schulpraxis kann beobachtet werden, dass Konzepte für Förderformate zum einen lediglich auf der Grundlage äußerer *oder* innerer Differenzierung basieren, aber andererseits auch auf äußerer *und* innerer Differenzierung. Beiden Differenzierungsformen liegen völlig unterschiedliche Prinzipien zugrunde. Innerhalb einer jeden Form von äußerer Differenzierung kann jedoch auch innere Differenzierung praktiziert werden.

Die ausschlaggebende Frage ist jene nach der Erfüllung des grundlegenden Bildungsauftrags von Schule – alle Schülerinnen und Schüler optimal zu fördern – und nach den dafür erforderlichen organisatorischen Voraussetzungen.

4.2.2 Individuelle Förderung und Herausforderungen

Wie kann der Bildungsauftrag der Schule – alle Schülerinnen und Schüler optimal zu fördern – bewältigt werden? In den 1970er Jahren wurde *individuelle Förderung* in den wissenschaftlichen und politischen Diskurs eingeführt, als sie Thema im Strukturplan des deutschen Bildungsrates war. In den späten 1980er und 1990er Jahren wurden andere Themen virulent. Mit der Veröffentlichung der Ergebnisse der PISA-, TIMMS- und IGLU-Studie wurde die Diskussion in Deutschland erneut entfacht. Gründe waren die Einführung von Bildungsstandards und die zunehmende Leistungsheterogenität. Der Begriff *individuelle Förderung* wird mittlerweile nahezu inflationär benutzt. Bisher gibt es jedoch keine einheitliche Definition. Weder die Ziele noch die Umsetzung oder die Voraussetzungen sind einheitlich festgelegt. Alle scheinen sich einig über die Wichtigkeit der *individuellen Förderung* zu sein und dennoch bleibt vieles im Unklaren. Das Ebenenmodell zur individuellen Förderung (nach Wiebke, 2011, S. 15) veranschaulicht bildhaft sich bedingende Zusammenhänge (vgl. Abbildung 17: Ebenenmodell „individuelle Förderung" nach Wiebke auf Seite 121). So findet individuelle Förderung als Aktion auf der Mikroebene statt, die in diesem Fall auch als Akteursebene bezeichnet wird. Sie wird durch die Lehrkräfte und die Schülerinnen und Schüler geprägt und somit im Unterricht realisiert. Die Mesoebene steht repräsentativ für organisationale Strukturen, innerhalb derer der Unterricht vorangebracht werden soll, wie etwa in den verschiedenen Gremien, Klassen-, Jahrgangs- und Fachteams. Die Makroebene bezieht sich auf jene Bedingungen, die die Rahmung darstellen, zum Beispiel Zeitstrukturmodelle, spezielle Formate usw.

Bisher kann nur auf wenige Studien zurückgegriffen werden, die sich mit der Umsetzung individueller Förderung beschäftigen (vgl. u. a. Kaufmann, 2005; Kunze & Solzbacher, 2006; Klieme et al., 2010). Im Rahmen der Qualitätsanalysen einzelner Bundesländer wird *individuelle Förderung* in Teilen berücksichtigt. Im Zuge der Entwicklung der Qualitätstableaus für die Qualitätsanalyse haben mehrere Bundesländer mit hoher inhaltlicher Übereinstimmung einen ersten Qualitätsrahmen für schulische Entwicklungsarbeit festgelegt. Über definierte Qualitätsaspekte wurden Kriterien und Standards fixiert. Für NRW wurden beispielsweise zur *individuellen Förderung* sechs Kriterien definiert, u. a.

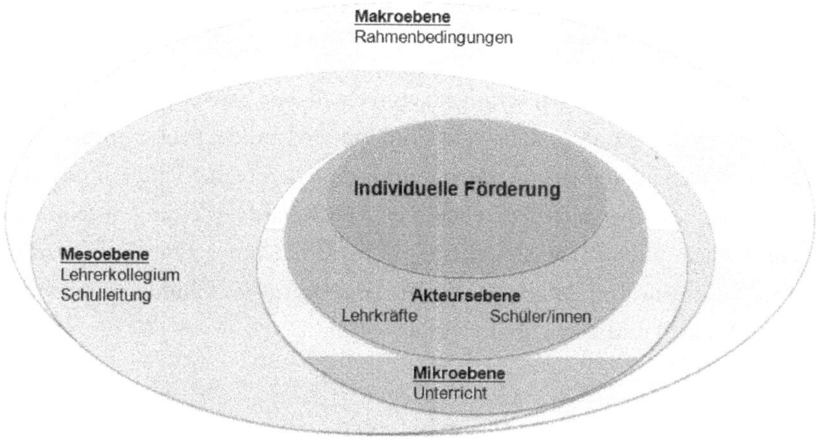

Abbildung 17: Ebenenmodell „Individuelle Förderung" (nach Wiebke 2011, S. 15)

- Instrumente und Kompetenzen, über die eine Schule verfügen sollte, um eine individuelle Lernstandsdiagnose und Förderplanung durchzuführen,
- die Verwirklichung eines Konzeptes zur systematischen Förderung leistungsschwächerer Schülerinnen und Schüler oder
- die Förderung von Schülerinnen und Schülern mit besonderen Begabungen.

Zusammenfassend kann behauptet werden, dass das Erreichen des Ziels von *individueller Förderung* die konsequente Berücksichtigung der unterschiedlichen Lernvoraussetzungen erfordert. Dies erfolgt über
- differenzierte Lernangebote,
- neue Formen des Lehrens und
- eine zunehmende Selbststeuerung von Lernprozessen durch die Lernenden (vgl. Klieme, 2012, Ganztagsschultagung in Stuttgart).

Um dieses Ziel für alle Schülerinnen und Schüler umsetzen zu können, gilt es, individuelle Förderung auf Basis der Ergebnisse der Unterrichtsforschung für den Unterricht zu operationalisieren. Dafür sollen Aspekte der *äußeren Differenzierung*, der *Öffnung des Lernens* und der *Binnendifferenzierung durch adaptives Lernen* berücksichtigt werden (vgl. ebd.). Diese drei Aspekte sind bei der Planung von Lernzeitkonzepten bzw. umfassenden Förderkonzepten oder Förderbändern zu beachten:

(1) Individuelle Förderung und äußere Differenzierung

Im Zuge der *äußeren Differenzierung* gilt es Lernangebote zu berücksichtigen, die mehrere Zielrichtungen verfolgen: zum einen eine Starkenförderung durch Anreicherungsangebote, andererseits Förderunterricht, der bei Lernproblemen durchgeführt wird, daneben Angebote zur Intensivierung für Schülerinnen und Schüler im Leistungsmittelfeld, zudem eine beratende Begleitung für einzelne Schülerinnen und Schüler, außerdem gezielte Maßnahmen zum Zweck vertiefender Übungen und Angebote, die als „intellektuelles Chillen" bezeichnet werden können und anreichernd wirken sollen.

Zusammengefasst handelt es sich hierbei um
- Begabtenförderung
- Förderunterricht bei Lernproblemen
- Förderunterricht zur Intensivierung
- Tutorielle Begleitung einzelner Schülerinnen und Schüler
- Gezielte Trainingsmaßnahmen
- Anreicherungsangebote bzw. „Enrichment"

Alle sechs Angebotstypen sollten bei unterrichtlichen Förderkonzepten bedacht werden.

(2) Individuelle Förderung und Öffnung des Lernens

„Offene Lernformen" entsprechen neuen Formen des Lernens, die primär die Motivation der Lernenden unterstützt. Relevant für den Aufbau „intelligenten Wissens" (F. E. Weinert) sind diese jedoch nur, wenn sie mit klarer Strukturierung und herausfordernden, kognitiv aktivierenden Inhalten einhergehen. Dafür werden eine Vielfalt von *Lernangeboten* vorgehalten, *Lernmethoden* vermittelt und *unterschiedliche Lernwege* aufgezeigt.

Methodisch-didaktische Elemente werden in Form
- von jahrgangsübergreifendem Lernen,
- des Epochalprinzips (Lernen nach Jahres- und Wochenplänen) und
- von Freiarbeit, Projektarbeit und öffentlichen Präsentationen

realisiert. Die Anwendung reformpädagogischer Konzepte stellt dabei das

Grundprinzip für die Konzeption von Formatinhalten zur individuellen Förderung durch Öffnung des Lernens dar. Aspekte wie *Selbsttätigkeit als Lernprinzip, Anknüpfung an Interessen der Lernenden* und *Lernen in authentischen Kontexten* entsprechenden dem ausdifferenzierten Grundprinzip.

Unterrichtliche Förderkonzepte, die auf dem gegenwärtigen Stand der wissenschaftlichen Erkenntnisse beruhen, beachten die aufgeführten methodisch-didaktischen Elemente und zielen darauf ab verschiedene Lernangebote zu machen, die Vermittlung von Lernmethoden zu berücksichtigen und unterschiedliche Lernwege bereitzuhalten.

(3) Individuelle Förderung und Binnendifferenzierung durch adaptives Lernen

Das Prinzip in Variante 3 stellt die Binnendifferenzierung durch adaptives Lernen dar. Gemeint ist hier ein Unterricht bzw. ein Format, bei dem die Lehrkraft über mehrere Wege unterstützend und je nach Bedarf individuell auf die einzelnen Schülerinnen und Schüler eingeht.

Dies geschieht über

- eine individualisierte Aufgabenstellung und die damit verbundene Ausgabe von Arbeitsmaterialien,
- die Anpassung bzw. Gestaltung der Lernzeit an die individuellen Bedarfe der einzelnen Schülerinnen und Schüler,
- die Organisation von kooperativem Arbeiten in heterogenen Gruppen, die durch die Verfolgung didaktischer Prinzipien (z. B. als Peer Learning oder in Gruppenpuzzles) verwirklicht wird,
- abgestufte Verständnishilfen, indem die Lehrkraft begleitend einzelne Schülerinnen und Schüler im Verhältnis 1:1 unterstützt und durch
- eine lernbegleitende Diagnostik und ein lernbegleitendes Feedback.

Im Rahmen der Studie zur Entwicklung von Ganztagsschulen (StEG) wurde die Adaptivität des Unterrichts beispielsweise mit folgenden Fragenbogenitems für Schüler erhoben:

– *Wenn Verständnisschwierigkeiten in der Klasse auftreten, weicht unser Lehrer/ unsere Lehrerin von seiner/ihrer Unterrichtsplanung ab, um darauf einzugehen.*

- *Unser Lehrer/unsere Lehrerin passt den Unterricht an unsere Bedürfnisse an.*
- *Sobald unser Lehrer/unsere Lehrerin die Probleme und Schwächen der einzelnen Schüler(innen) erkannt hat, gibt er/sie uns jeweils Hilfen und Strategien an die Hand.*

In Förderformaten kommt die Fähigkeit zur Adaptivität des Unterrichts bei denjenigen Kräften zum Tragen, die individuell auf die einzelnen Schülerinnen und Schüler eingehen.

Individuelle Förderung wird folglich in Schulen zum einen über Formate realisiert, die auf äußerer Differenzierung basieren. Zum anderen erfolgt die Realisierung über methodisch-didaktische Elemente, die auf offenen Lernformen fußen, deren Basis reformpädagogische Konzeptionen darstellen. Drittens dient die Binnendifferenzierung durch adaptives Lernen der Umsetzung, wobei die Lehrkraft Elemente der individuellen Differenzierung verwirklicht (vgl. Abbildung 18: Drei Varianten der individuellen Förderung).

Individuelle Förderung und *äußere Differenzierung*	Individuelle Förderung und *Öffnung des Lernens*	Individuelle Förderung und *Binnendifferenzierung durch adaptives Lernen*
FORMATE	METHODISCH-DIDAKTISCHE Elemente	INDIVIDUALISIERUNG
Begabtenförderung	Jahrgangsübergreifendes Lernen	Individualisierte Aufgabenstellungen (Arbeitsblätter)
Intensivierungsunterricht	Epochalprinzip: Lernen nach Jahres- und Wochenplänen	Variation der Lernzeit für die/den einzelnen
Förderunterricht bei Lernproblemen	Freiarbeit, Projektarbeit, öffentliche Präsentationen	Kooperatives Arbeiten in heterogenen Gruppen: Peer Learning, Gruppenpuzzle
Gezielte Trainingsmaßnahmen		Abgestufte Verständnishilfen (kognitive Strukturierung) 1:1-Begleitung
„Enrichment"-Angebote		Lernbegleitende Diagnostik und Feedback
Tutorielle Begleitung einzelner Schüler/innen		

Abbildung 18: Drei Varianten der individuellen Förderung (angelehnt an Klieme, 2012)

Gleichzeitig muss an dieser Stelle darauf hingewiesen werden, dass individuelle Förderung anhand unterschiedlicher Vorgehensweisen und unterschiedlicher Zielstrategien verfolgt wird. Geht es zum einen darum, Defizite zu beseitigen, so wird andererseits durch eine kompensatorische Strategie versucht, ausgeprägte Stärken und Vorlieben der Lernenden zu nutzen.

(4) Herausforderungen

Die dargestellten Varianten der individuellen Förderung beziehen sich sowohl auf den originären Fachunterricht als auch auf die in den folgenden Ausführungen noch näher zu erläuternden Förderformate (häufig auch als „Lernzeiten“ bezeichnet). Eine Vielfalt an Angeboten bzw. Formaten allein führt noch nicht zu einer besseren individuellen Förderung. Erst wenn die Zeit zum Lernen effektiv entsprechend den Varianten der individuellen Förderung genutzt wird, werden die Chancen die Ganztagsschule bietet, eingelöst.

Dafür ist
- mehr Zeit für diagnostische Prozesse einzukalkulieren,
- auf die Qualität der pädagogischen Prozesse penibel zu achten und
- die Adaptivität der Lehr-Lern-Prozesse zu berücksichtigen.

ACHTUNG

Eine prinzipielle Bereitschaft der beteiligten Lehrkräfte ist für die organisatorische und inhaltliche Gestaltung unerlässlich. Maßnahmen und ein Gesamtkonzept müssen abgestimmt werden, unterschiedliche Ziele (wie etwa Lernmethoden vermitteln, gezielte Trainingsmaßnahmen vorhalten, Epochalprinzip berücksichtigen etc.) müssen beachtet und unterschiedliche Kontexte wie Fachunterricht oder speziell ausgewiesene „Förderformate“ berücksichtigt werden. Die fortlaufende Professionalisierung aller Beteiligten im Entwicklungsprozess ist dabei unbedingt erforderlich. Und genau diese Aspekte stellen mit die größte Herausforderung dar. Denn jede Innovation hat auch Kritiker. Widerstände in den Kollegien gehören mit zu Entwicklungsprozessen. Der Umgang damit entscheidet über erfolgreiche und zielführende Verläufe. Eine höchstmögliche Transparenz im Entwicklungsverlauf, das Aufzeigen von Vor- und Nachteilen sowie die Äußerungen von Bedenken zuzulassen, diese Punkte können als Gelingensbedingungen festgehalten werden.

4.2.3 Förderformate und Stundenpläne

(1) Förderformate

Wie bereits weiter vorne erläutert, entwickeln Ganztagsschulen im Zuge ihrer Entwicklungsprozesse unterschiedliche Förderformate. Häufig beginnt der Prozess mit der Implementation von „Hausaufgaben- bzw. Schulaufgabenzeiten". Parallel dazu bestehen in der Regel schon Förderstunden für ausgewählte Fächer, die je nach Einzelschule, aber auch nach Jahrgangsstufe unterschiedliche Ziele verfolgen können, zum Beispiel Förderunterricht für Schülerinnen und Schüler mit niedrigen oder hohen Fachleistungen. Schulen bieten z. T. Formate an, in denen die Schülerinnen und Schüler frei über ihre Lernzeit entscheiden können und beispielsweise die Zeit für die Vorbereitung auf Klassenarbeiten nutzen, aber auch Haus- bzw. Schulaufgaben machen. Im Gegensatz dazu gibt es Haus- bzw. Schulaufgabenstunden, die ausschließlich Übungszwecken dienen. Die Schulaufgaben können sowohl im Rahmen von Wochenplänen als auch in der traditionellen Form die Grundlage bilden. Möglich ist, dass ergänzend Übungsmaterial vorhanden ist, das die Schülerinnen und Schüler nach Fertigstellung ihrer Haus- bzw. Übungsaufgaben bearbeiten sollen.

„Lernzeiten"?!

Die verwendeten Begrifflichkeiten für die verschiedenen Formate sind vielfältig: „Lernzeit", „Silentium", „Hausaufgabenstunde", „ÜLE-Stunde (Üben und Lernen)", „BEA-Stunde (Betreutes eigenverantwortliches Arbeiten)", „EVA-Stunde (Eigenverantwortliches Arbeiten)" etc., um nur einige zu nennen. Mittlerweile wird „Lernzeit" häufig als übergeordneter Begriff verwendet und kann sich neben den aufgezeigten Einzelformaten zudem auf Formate beziehen, die mehrere inhaltliche klar voneinander getrennte Schwerpunkte aufweisen (z. B. Bearbeitung von Schulaufgaben plus Enrichmentangebote bzw. „intellektuelles Chillen" plus gezielte Förderangebote). Diese Konstellationen tragen zur allgemeinen Verwirrung und Unsicherheit bei.

(2) Forschungsergebnisse

Haenisch (2011) konnte im Rahmen seiner Studie drei Modelle im Hinblick auf „Lernzeiten" (wie er sie benennt) identifizieren, welche er als Formate beschreibt, in denen es *„Übungsaufgaben im Sinne der Nachbereitung des Unterrichts, ‚wiederholende Dinge', aber auch vorbereitendes Lesen"* gibt (ebd. S. 16):

- *Modell 1: Lernzeiten an den Langtagen, Hausaufgaben an den Kurztagen.* In diesen Schulen wird versucht den Hausaufgabenumfang so zu gestalten, dass ein Großteil in der Schule erledigt werden kann. Die Lernzeiten werden überwiegend für die Hauptfächer genutzt, die Nebenfächer bzw. auch sogenannten „kleine Fächer" werden gebeten auf die traditionellen Hausaufgaben zu verzichten und stattdessen Langzeitaufgaben (z. B. Projekte) zu stellen oder möglichst viele Übungsphasen in den Unterricht zu integrieren.
- *Modell 2: Lernzeiten als Wochenplan* Schülerinnen und Schüler erhalten bei diesem Ansatz einmal in der Woche einen Plan mit Aufgaben, die sie innerhalb einer Woche in den Lernzeiten abarbeiten sollen. Der Umfang der Lernzeiten liegt in der Regel bei vier bis fünf 45-Minutenstunden.
- *Modell 3: Alternativmodell* Hier wird auf „Lernzeiten" gänzlich verzichtet, sondern versucht, die Haus- bzw. Schulaufgaben (zurück) in den Unterricht zu holen. Dies kann u. a. durch die Zusammenlegung von Inhalten aus verschiedenen Fächern geschehen. Die Hälfte der bis dato aufgegebenen (Haus-)Aufgaben konnte so „eliminiert" werden. Die andere Hälfte wird in freiwilligen Arbeitsstunden oder im häuslichen Umfeld erledigt.

Die Organisation von „Lernzeiten" lassen sich unterscheiden in der

- Setzung im Stundenplan
- Raumfrage

- Betreuungsintensität und der
- Arbeitsweise im Hinblick auf Regeln und Rituale.

So gibt es Schulen, die ihre „Lernzeiten“ als Band in der ersten Stunde (direkt vor oder nach der Mittagspause), als Abschluss des Tages oder zu unterschiedlichen Zeiten (Stunden) über die Woche legen. „Lernzeiten“ finden in den Schulen häufig im Klassenraum statt. Bisweilen steht zusätzlich ein Stillarbeitsraum zur Verfügung. Finden „Lernzeiten“ jahrgangsweise statt, gibt es in einigen Fällen einen weiteren Raum, der zum gegenseitigen Helfen zur Verfügung steht. Die Betreuungsintensität und Zusammensetzung variiert zwischen einer Lehrkraft oder einer Kraft des weiteren pädagogisch tätigen Personals pro Klasse, einem Doppelbesetzungsprinzip, bestehend aus einem Tandem von einer Lehrkraft und einer Kraft des weiteren pädagogisch tätigen Personals oder einer Lehrkraft und einem/einer älteren Schüler/in. Wie sich die Arbeitsweise gestaltet bzw. welche Regeln und Rituale vereinbart sind, ist sehr unterschiedlich. Beginnen die einen damit, dass eine Arbeitsplatzatmosphäre geschaffen werden muss, indem z. B. die benötigten Materialien bereitgelegt werden, gibt es in anderen Schulen die Möglichkeit zum Austausch oder es wird mit einer „Stillphase“ begonnen (vgl. ebd.).

Durch die Studie zur Entwicklung von Ganztagsschulen (StEG) konnte herausgefunden werden, dass Schülerinnen und Schüler „Lernzeiten“ als unterrichtliche Formate akzeptieren, wenn Regeln und Rituale definiert sind. Lehrkräfte berichteten von Vorteilen für den eigenen Unterricht, wenn sie die „Lernzeiten“ betreuten, da sie die Schülerinnen und Schüler in anderen Situationen als dem eigenen Unterricht erlebten (vgl. Holtappels, et al., 2008).

(3) Stundenplanbeispiele

Die folgenden abgebildeten Pläne sollen lediglich veranschaulichen, wie unterschiedliche Schulen mit ihrer Setzung der „Lernzeiten“ im Tagesverlauf umgehen. Einige wenige Erläuterungen sollen das Grundprinzip der abgebildeten Stundentafeln darlegen und Hinweise über die Schule geben. Es sei jedoch auch an dieser Stelle vor unüberlegten und vermeintlich allgemeingültigen Interpretation von Stundenplänen gewarnt! Nur wenn die Schule und deren Arbeitsweise bekannt ist, können Aussagen über die pädagogische Qualität und Intentionen getroffen werden.

Stundenplanbeispiel 1: Lernzeiten an unterschiedlichen Stellen

5A	MEIN STUNDENPLAN			Klassenraum	
	MONTAG	DIENSTAG	MITTWOCH	DONNERSTAG	FREITAG
1	Klasse 5A Klassenraum KlassenlehrerIn	Deutsch Klassenraum DeutschlehrerIn	Musik Fachraum MusiklehrerIn	Englisch Klassenraum FachlehrerIn	Englisch Klassenraum FachlehrerIn
2	Mathematik Klassenraum Klassen-/FachlehrerIn				Lernzeit Klassenraum D/E/M-LehrerIn
3	Physik Physikraum FachlehrerIn	Lernzeit Klassenraum FachehrerIn d. Klasse	Mathematik Klassenraum MathematiklehrerIn	Kunst Fachraum FachlehrerIn	Religion Klassenraum Kath.: FachlehrerIn Fachraum Ev.: FachlehrerIn R 309
4		Englisch Klassenraum EnglischlehrerIn			
5	Lernzeit Klassenraum D/E/M-LehrerIn	Politik Klassenraum MathematiklehrerIn	Sport Sporthalle FachlehrerIn	Lernzeit Klassenraum FachlehrerIn d. Klasse	Mathematik Klassenraum MathematiklehrerIn
6	M I T		T A G	S P A U	S E
7	Schwimmen Hallenbad FachlehrerIn		Lernzeit Klassenraum D/E/M-LehrerIn	Arbeits-Gemeinschaft	Arbeits-Gemeinschaft
8 9	Biologie Fachraum FachlehrerIn		Deutsch Klassenraum FachlehrerIn	Erdkunde Fachraum FachlehrerIn	Sport Sporthalle FachlehrerIn

Abbildung 19: Stundenplanbeispiel 1: Lernzeiten an unterschiedlichen Stellen

Diese Schule ist im 90- bzw. 95-Minutentakt strukturiert. Aufgrund von Schulbesuchen und -hospitationen reifte die Erkenntnis, dass sich möglichst viele Lernzeiten, über die Woche an unterschiedlichen Positionen im Tagesverlauf verteilt, positiv auf die Lernkultur auswirken. Es werden, zumindest für die Jahrgangsstufe 5 und 6, keinerlei traditionelle Haus- bzw. Schulaufgaben gestellt. Für Klassenarbeiten müssen die Schülerinnen und Schüler außerhalb der Schule üben. Ab der Jahrgangsstufe 7 kann das Prinzip „Keine Hausaufgaben", aufgrund der erweiterten Stundentafel derzeit noch nicht durchgängig realisiert werden. Die Schule arbeitet im Epochalprinzip mit Wochenplänen.

Stundenplanbeispiel 2: Lernzeiten als Band am Tagesende

<table>
<tr><th>Stunde</th><th>Uhrzeit</th><th>Montag</th><th>Dienstag</th><th>Mittwoch</th><th>Donnerstag</th><th>Freitag</th></tr>
<tr><td>1</td><td>07.45-08.30</td><td rowspan="2">Deutsch</td><td rowspan="2">Mathematik</td><td rowspan="2">Physik</td><td rowspan="2">Latein</td><td rowspan="2">Musik</td></tr>
<tr><td>2</td><td>08.30-09.15</td></tr>
<tr><td></td><td>09.15-09.35</td><td colspan="5">PAUSE</td></tr>
<tr><td>3</td><td>09.35-10.20</td><td rowspan="2">Biologie</td><td rowspan="2">Sport</td><td>Klassenlehrerstunde</td><td rowspan="2">Religion</td><td rowspan="2">Englisch</td></tr>
<tr><td>4</td><td>10.25-11.10</td><td>Englisch</td></tr>
<tr><td></td><td>11.10-11.25</td><td colspan="5">PAUSE</td></tr>
<tr><td>5</td><td>11.25-12.10</td><td rowspan="2">Latein</td><td>Deutsch-In</td><td rowspan="2">Deutsch</td><td rowspan="2">Mathematik</td><td rowspan="2">Sport</td></tr>
<tr><td>6</td><td>12.15-13.00</td><td>Silentium</td></tr>
<tr><td></td><td>13.00-14.00</td><td colspan="5">MITTAGSPAUSE</td></tr>
<tr><td>7</td><td>14.00-14.45</td><td rowspan="2">Erdkunde</td><td rowspan="3">AG/Betreuung</td><td rowspan="2">Profilfach</td><td rowspan="2">Kunst</td><td rowspan="3">AG/ Betreuung</td></tr>
<tr><td>8</td><td>14.45-15.25</td></tr>
<tr><td>9</td><td>15.30-16.15</td><td>Silentium</td><td>Silentium</td><td>Silentium</td></tr>
</table>

Abbildung 20: Stundenplanbeispiel 2: Lernzeiten als Band am Tagesende

An dieser Ganztagsschule sind die „Silentien“ bzw. „Lernzeiten“, bis auf einmal am Vormittag, als Band an das Tagesende gesetzt. Die Schülerinnen und Schüler erledigen dort ihre Haus- bzw. Schulaufgaben im Rahmen von Wochenplänen und werden von Fachlehrkräften betreut. Das Silentium am Donnerstag ist freiwillig, wird jedoch von nahezu allen Schülerinnen und Schülern dieser Jahrgangsstufe besucht, da die Abmachung besteht, wer in diesem Silentium noch nicht mit der Wochenplanarbeit fertig ist, muss sie nicht mit nach Hause nehmen. Den Lehrkräften fiel es anfangs schwer, diese Stunden nicht als Erweiterung ihres Unterrichts zu betrachten, sondern als Übungs- und Vertiefungsformate zu akzeptieren.

Stundenplanbeispiel 3: Lernzeiten an unterschiedlichen Stellen

Montag	Dienstag	Mittwoch	Donnerstag	Freitag
Frührunde (FR)	FR	FR	FR	FR
Unterrichts-blöcke (UB) 80 Minuten statt 90	UB	UB	Wochenplan-Arbeit (WoPla)	UB
UB	UB	UB	UB	UB
UB	Lernzeit (LZ)	UB	UB	UB
Mittagsfreizeit (MFZ)	MFZ	MFZ	MFZ	MFZ
Projektlernen (WP)	UB	Projektlernen (LernAG)	UB	Klassenstunde (KLS)
UB	UB	Freie Angebote / Teamzeit Lehrer	UB	

Abbildung 21: Stundenplanbeispiel 3: Lernzeiten an unterschiedlichen Stellen

Hier sind für die Jahrgangsstufe 7 zwei Formate zum Üben und Vertiefen (Lernzeit – LZ und Wochenplanarbeit – WoPla) vorgesehen. Im Rahmen der Lernzeit können die Schülerinnen und Schüler selbstbestimmt üben und lernen. Über das „WoPla"-Format realisiert die Schule die fachspezifische Förderung mittels des Wochenplanprinzips. Die Lehrkräfte der Hauptfächer bereiten das Jahr über durchgängig Fördermaterialien in Form von Wochenplänen vor. Die Nebenfächer wechseln sich im vierwöchigen Turnus ab, so dass auch sie Gelegenheit erhalten, Übungsphasen in „Lernzeiten" zu legen. Die Schule verfolgt das Ziel, traditionelle Hausaufgaben sukzessive abzubauen. Der Wille dazu ist im Hausaufgabenkonzept der Schule verankert, das für alle einsehbar auf der Homepage hinterlegt ist.

Ein Ausschnitt aus dem Hausaufgabenkonzept:

- *„Der Lehrer formuliert in der Stunde klare Arbeitsaufträge und visualisiert diese ggf.*
- *Der inhaltliche Bezug der Aufgaben zum Unterricht muss gewährleistet sein.*

- *Damit Hausaufgaben motivierend und fördernd wirken, ist zunehmend eine Differenzierung der Aufgabenstellung anzustreben.*
- *Die Fachlehrer tragen die Hausaufgaben ins Klassen- bzw. Kursbuch ein. Sie achten dabei auf die Einhaltung des zeitlichen Rahmens:*
  In der Sekundarstufe I pro Unterrichtsblock max. 15 Minuten,
  in der Sekundarstufe II max. 25 Minuten.
- *Die Klassenleiter überwachen regelmäßig die Einhaltung des zeitlichen Rahmens.*
- *Die Ergebniskontrolle und Korrektur der Hausaufgaben ist selbstverständlicher Bestandteil des Unterrichts".*

> *„Die ‚Lernzeiten' bei uns sind wirklich eine tolle Erfindung. Dort kann ich größtenteils entscheiden, wann ich was mache. Ich muss lediglich mit den Haus- bzw. Übungsaufgaben anfangen. Aber ich kann auch entscheiden, ob ich einfach was lese oder ob ich mit den vorbereiteten Arbeitsblättern was übe."*
>
> (Clarissa, 13 Jahre)

4.3 Förderbänder und -konzepte in Abstimmung mit dem Fachunterricht

Werden unterrichtliche Förderkonzepte bzw. fachliche „Förderbänder" an Schulen implementiert, um Aspekte des Lernens und Förderns zu befriedigen, so ist anzunehmen, dass häufig Reformprozesse hinsichtlich der Hausaufgabenpraxis vorausgegangen bzw. parallel gelaufen sind. Dies kann zu einer Vermengung von Problemlagen führen, die sich darin zeigt, dass Förderformate für die einzelnen Jahrgangsstufen entworfen werden, die unterschiedliche pädagogische Ziele verfolgen, strukturelle Bedingungen berücksichtigen und organisationsbezogene Fragestellungen realisieren. Wie bereits weiter vorne erwähnt, werden diese Formate häufig zudem unter dem zur Verwirrung beitragenden Begriff „Lernzeiten" subsumiert.

Zu klärende Fragen

Welche Systematik kann nun zugrundegelegt werden, wenn Schulen Konzepte reflektieren wollen, die sie für ihre Schülerinnen und Schüler entworfen haben, um sie beispielsweise
- bei der Erledigung der Hausaufgaben,
- beim selbstbestimmten Lernen oder
- beim Lernen hinsichtlich ihrer Neigungen, Begabungen und Defizite

zu unterstützen? Oder wenn sie ganz am Anfang dieses Prozesses stehen und neue Ideen und Konzepte für diese Art der Lernunterstützung entwickeln?
Welche Ordnungsmerkmale und Förderkonzeptdimensionen können hierfür unterstützend abgebildet und angeboten werden?
Wie sollen Lerngruppen für ein möglichst effektives Lernen aller Schülerinnen und Schüler zusammengesetzt sein?
Welchen Zusammenhang gibt es zur Heterogenitätsdebatte?
Dies sind lediglich einige Fragen, die u.a. zu diskutieren sind, um Impulse setzen und Konzepte vorzustellen zu können.

Aber was genau ist unter einem „Lernzeit"-Format zu verstehen?

4.3.1 „Lernzeit"-Formate bzw. -Varianten

Ganztagsschulen nutzen einen Teil der über den Unterricht hinausgehenden zur Verfügung stehenden Zeit für die Förderung des Lernens. Sie entwickeln dafür unterschiedliche Formate mit unterschiedlichen Zielrichtungen für unterschiedliche Zielgruppen. Hierfür verwenden sie vielschichtige Namen und Begriffe. Zum Beispiel: ÜLE-Zeit, EVA-Zeit, Silentium, Betreuungsstunde, etc. Mittlerweile wird der Begriff „Lernzeit" häufig als Oberbegriff verwendet und trägt so zur Verwirrung und Irritationen bei.

Im Hinblick auf den Förderaspekt lassen sich unter dem Begriff „Lernzeit" folgende Aspekte fassen, die in diesen Formaten Berücksichtigung finden können:

1. Eigenverantwortliches/selbstbestimmtes Arbeiten **zur Erledigung der Übungsaufgaben** (Haus- bzw. Schulaufgaben), ob traditionell oder im Rahmen von Wochenplanarbeit (z. B. eine Haus- bzw. Schulaufgabenbetreuung)

2. Eigenverantwortliches/selbstbestimmtes Arbeiten an Inhalten/Aspekten, **die vorgegeben sind** (vorbereitete Übungsmaterialien)
3. Eigenverantwortliches/selbstbestimmtes Arbeiten an Inhalten/Aspekten, die **frei wählbar sind** (z. B. Erledigung der „Haus- bzw. Übungsaufgaben“, Üben für Prüfungsarbeiten, freies Üben bzw. Lernen = „intellektuelles Chillen“, Üben mit zur Verfügung gestellten Materialien) in sogenannten Selbstlernzentren, Study-halls, etc.
4. Angebote von **Profil- und Förderkursen** (fachspezifisch)
5. Tutorielle **Beratungsangebote**
6. Dokumentation der **Lernentwicklung**

Alle aufgezeigten Aspekte sind kombinierbar und als Mischmodelle denkbar. Sollen einzelne bzw. mehrere dieser inhaltlichen Möglichkeiten der Gestaltung genutzt und in Form eines einzelnen oder mehrerer Formate in Schulen implementiert, fakultativ angeboten oder verpflichtend gemacht werden, so bietet es sich an bzw. ist es erforderlich, sich mit damit verbunden Ordnungsmerkmalen näher auseinanderzusetzen, sie zu hinterfragen und darauf basierend ein Förderkonzept bzw. Förderband für die einzelnen Jahrgangsstufen zu entwerfen.

Ordnungsmerkmale

1. **Ziele** (Lernmethoden vermitteln, Lernwege aufzeigen, Lernangebote vorhalten, Beratung bereitstellen, Verlauf der Lernentwicklung sichern)
2. **Zielbereiche** (fachbezogen/überfachlich)
3. **Zielgruppen** (leistungsgemischte/leistungsspezifische Gruppen)
4. **Förderkriterien** (nach Leistung/Noten, Geschlecht, sozialem Hintergrund etc.)
5. **Förderbereiche** (Motivation, Sprache, fachspezifische Ausrichtung etc.)
6. **Organisation**/Grad der Institutionalisierung

Erst wenn für die einzelnen Förderformate (fokussiert auf einzelne Jahrgangsstufen)

- die Ziele klar dargelegt sind,
- die Zielbereiche entsprechend einer fach-, überfachlichen oder selbstlernspezifischen Ausrichtung abgegrenzt,

- Zielgruppen anhand von Diagnoseinstrumenten definiert,
- Förderkriterien wie etwa eine Starkenförderung ohne Berücksichtigung der Förderung des Mittelfeldes und der schwächeren Schülerinnen und Schüler plausibel erklärt,
- verschiedene Förderbereiche aufgezeigt und
- der geplante Grad der Institutionalisierung der Maßnahmen mittels organisatorischer Hinweise geplant ist,

erst dann können Fragen zu einem Förderkonzept bzw. Förderband beantwortet werden, die so lauten könnten:

ACHTUNG

Die entscheidenden Fragen, die es zu beantworten gilt, sind:

Über welche Form der Differenzierung erfolgt die Förderung, in welchen Formaten, durch wen wird sie realisiert und warum wird das so gemacht?

4.3.2 Förderkonzeptdimensionen

Informationen auf unterschiedlichen Ebenen, eine Vielzahl an unterschiedlichen Impulsen und fehlende Instruktionen können zur Verwirrung eines jeden Themas führen. Anhand der Darstellung der relevanten inhaltlichen Aspekte, die „Lernzeit" bzw. Förderbandformate (vgl. Teilkapitel 4.3.1), sollen Förderformate identifiziert und mögliche Mischformen erkannt und aufgezeigt werden. Basierend auf diesen inhaltlichen Aspekten wurde ein Identifizierungsraster für „Lernzeit"-Formate bzw. Förderbänder entwickelt (siehe Abbildung 22: „Förderformatraster" auf Seite 137). Das „Förderformatraster" soll dazu dienen, ein Förderkonzept bzw. -format strukturiert nach speziellen Förderkonzeptdimensionen zu entwerfen oder es als Reflexionsinstrument für ein bestehendes Konzept zu nutzen.

Um für ein Förderband bzw. -konzept strukturiert pädagogische Zielvorstellungen zu bedenken und festzuhalten und organisatorische Bedingungen zu beachten, gilt es vorab folgende Fragen zu bedenken:

1. Sind die Förderschwerpunkte der einzelnen Formate (*Hausaufgabenbetreuung, selbstbestimmtes Lernen, Lernen mit Fördermaterialien, spezielle Förderkurse, Lernberatung etc.)* eher fachspezifisch, überfachlich oder selbstlernspezifisch ausgerichtet?
2. Soll die Zielgruppe (alle Schülerinnen und Schüler) in leistungsgemischte Gruppen geteilt werden oder Formate gemeinsam wahrnehmen?
3. Sollen die einzelnen Angebote für die Schülerinnen und Schüler optional oder verpflichtend sein?
4. Welches Personal soll für die einzelnen Formate eingesetzt werden (Klassenlehrkräfte, Fachlehrkräfte, verfügbare Lehrkräfte, weiteres pädagogisch tätiges Personal etc.)?
5. Sollen die Lerngruppen für die einzelnen Formate auf Basis der Klassen-, Jahrgangs- oder jahrgangsübergreifenden Struktur gebildet werden?
6. In welchem Turnus sollen die einzelnen Lerngruppen die einzelnen Formate wahrnehmen?
7. Wie oft sollen/können die einzelnen Formate für die einzelnen Lerngruppen im Wochenstundenplan enthalten sein?
8. Welches Taktungsmodell strukturiert den Tagesablauf und wie groß sind die Zeiträume, in denen die einzelnen Lernzeitformate stattfinden sollen?

Schulentwicklungsprozesse basieren auf der konstruktiven Zusammenarbeit des gesamten Kollegiums. Hinsichtlich der Erstellung bzw. Überprüfung von Förderformaten eignen sich speziell darauf ausgerichtete Pädagogische Tage. In Arbeitsgruppen kann das Instrument „Förderformatraster" eingesetzt werden, indem sich Kolleginnen und Kollegen einer Jahrgangsstufe gezielt die realisierten bzw. gewünschte Formate zur Förderung des (unterrichtlichen) Lernens vornehmen und der Anleitung zum Ausfüllen folgen.

ANLEITUNG: „Förderformatraster"

- Wählen Sie **eine Jahrgangsstufe** aus, deren „Lernzeit"-konzept Sie entwerfen oder genauer betrachten wollen.
- Nehmen Sie sich **nacheinander** die farbig unterlegten Spalten (A B C D E) vor. Beantworten Sie die Fragen aus der ersten Spalte – (*1) Förderschwer-*

punkt, (2) Leistungsgemäße Differenzierung, etc. – durch das Setzen eines **Kreuzchens** in der jeweiligen farbigen Spalte.

- Wenn Sie Kombinationsmodelle (**Mischformen bzw. Förderbänder**) anbieten bzw. anbieten wollen, schreiben Sie in die letzte Spalte die jeweiligen **Kürzel/Buchstaben** (z. B. A, B, D) der Formate, die bei Ihnen zur Anwendung kommen (sollen).
- Enthalten Ihre „Förderbänder“ bzw. sollen sie weitere inhaltliche Formate/Angebote enthalten, markieren Sie dies mit einem **X** (z. B. A, B, D, X).
- Notieren Sie bitte zudem die **Zeiteinheit** (z. B. 90 Minuten), im Rahmen derer Sie das **Mischmodell** anbieten und wie häufig in der Woche dies geschieht.

Förderkonzeptdimensionen

	Förderkonzeptdimensionen	„LERNZEIT-Formate“					„Förderband“
		A	B	C	D	E	
		Erledigung der „Hausaufgaben“	Freies / selbstbestimmtes Lernen	Lernen mit vorbereiteten Förder-/Fordermaterialien	Profil- bzw. Förderkurse	Lernberatung	Mischformen
INHALT							
1	**Förderschwerpunkt**						
	Selbstlernspezifisch (A,B)						
	Fachspezifisch/Fachbezogen (C,D,E)						
	Überfachlich						
2	**(Leistungsgemäße) Differenzierung/Zielgruppe**						
	Leistungsspezifisch (starke, mittlere, schwache)						
	Leistungsgemischt (alle zusammen)						
3	**Teilnahmemodus**						
	Offen (nicht verpflichtend) = fakultativ						
	Teilgebunden (verpflichtend für einen Teil der Schüler/innen) = fakultativ						
	Gebunden (verpflichtend für alle Schüler/innen) = verpflichtend						

	Förderkonzeptdimensionen	„LERNZEIT-Formate“ A: Erledigung der „Hausaufgaben“	B: Freies / selbstbestimmtes Lernen	C: Lernen mit vorbereiteten Förder-/Fordermaterialien	D: Profil- bzw. Förderkurse	E: Lernberatung	„Förderband“ Mischformen
4	**Personaleinsatz**						
	Klassenlehrer/in						
	Fachlehrkräfte						
	Verfügbare Lehrkräfte						
	Sonstige						
ORGANISATION							
5	**Lerngruppenbildung**						
	Klassenverband						
	Klassenübergreifend/ Jahrgangsverband						
	Jahrgangsübergreifend						
6	**Turnus**						
	jährlich						
	½-jährlich						
	¼-jährlich						
	Monatlich						
7	**Häufigkeit**						
	Wöchentlich (1 x in der Woche)						
	täglich						
	Sonstige:						
8	**Dauer**						
	45 Minuten						
	90 Minuten						
	60 Minuten						
	Sonstige:						

A	Erledigung der „Hausaufgaben“,
B	freies selbstbestimmtes Lernen,
C	Lernen mit vorbereiteten Förder- und Fordermaterialien,
D	Möglichkeit der Wahrnehmung von Profil- bzw. Förderkursen
E	Lernberatung
X	Mischformen
0	Dokumentation der Entwicklung (Lernbegleiter)

Abbildung 22: Förderformatraster

Das Ausfüllen des „Förderformatrasters“ in der Kleingruppe führt in der Regel zu anregenden Diskussionen und ermöglicht eine Identifizierung des Ist-Standes nach einer auf Förderkonzeptdimensionen beruhenden Systematik. Berücksichtigt werden hierbei

- der Förderschwerpunkt,
- die Zielgruppendifferenzierung,
- der Teilnahmemodus,
- der Personaleinsatz,
- die Lerngruppenbildung,
- der Turnus, in dem das Angebot stattfindet,
- die Häufigkeit, in der das Angebot innerhalb einer Woche bereitgehalten wird und
- die Anzahl der Minuten, in der es stattfindet (Taktungseinheit).

Die Auseinandersetzung und Klärung dieser Fragen führt unweigerlich zur pädagogischen Intention, die die Schule verfolgt, indem sie diese Form der Angebote für ihre Schülerinnen und Schüler vorhält. Diese Ergebnisse sollten sich unbedingt sowohl im Schulprogramm als auch in der Präsentation der Schule (z. B. auf der Homepage) wieder finden.

Damit die Ergebnisse aus der Beschäftigung mit dem „Förderformatraster“ zielführend für weitere Entwicklungsprozesse verwendet werden, sollten im weiteren Verlauf folgende Themen bearbeitet, diskutiert und in die „Förderformat“-Diskussion und -entwicklung mit einbezogen werden:

- Diagnoseinstrumente (Einteilung in Gruppen, Lernfortschritt etc.)
- Dokumentation des Lernfortschritts (Lernbegleiter: Schülerperspektive, Lehrerperspektive)
- Kompetenzraster (Ziele etc.)
- Dokumentation der zu verwendenden und verwendeten Zeit für Haus- bzw. Schul- bzw. Übungsaufgaben (Schülerperspektive, Lehrerperspektive)

4.3.3 Beispiel: Förderband bzw. Förderkonzept für eine Jahrgangsstufe 7

Anhand des folgenden Beispiels wird das (unterrichtliche) Förderband für eine Jahrgangsstufe 7 dargestellt. Der Unterricht erfolgt in 90-Minutenblöcken. Für die Jahrgangsstufe 7 ist eine „Lernzeit“ (90 Minuten) pro Woche im Stundenplan verankert.

Hausaufgaben bzw. Schulaufgaben bzw. Übungsaufgaben

Die Hausaufgaben werden noch in der traditionellen Form gestellt, wurden aber offiziell in „Übungsaufgaben“ umbenannt, um über die Wortwahl den negativen Beigeschmack etwas abzumildern. Ziel ist es, die Hausaufgaben letztendlich in den Unterricht zu integrieren und sie in der traditionellen losgelösten Form zu eleminieren. Erste Schritte wurden unternommen, indem alle Lehrkräfte verpflichtet sind, bei jeder Vergabe die Aufgabenstellung an der Tafel sichtbar zu fixieren. Zudem muss die – nach Einschätzung der Lehrkraft – dafür erforderliche Zeitangabe hinzugefügt werden. Dies erfordert ein Nachdenken darüber, für welche Schüler und Schülerinnnen diese Zeitangaben jeweils gelten (Starke, Mittelstarke, Schwache), sofern die Hausaufgaben für alle Schülerinnen und Schüler in identischem Umfang aufgegeben werden. Dem könnte alternativ durch Pflicht- und Zusatzaufgaben begegnet werden oder durch individuell gestellte Aufgaben. Die Schülerinnen und Schüler haben alle einen „Lernbegleiter“ (Notizbuch), inwelchen sie wiederum eintragen sollen, wo (in der „Lernzeit“, zuhause etc.) sie jeweils wie viel Zeit mit der Erledigung der Übungsaufgaben verbracht haben, um einerseits die Lehrkräfte für den Zeitumfang der Aufgaben zu sensibilisieren und andererseits die Gegenprobe durch die Schülerinnen und Schüler zu erhalten, wie viel häusliche Übungszeit tatsächlich aufgewendet wird.

Klassenarbeiten und Fördermaterialien

Unter den Lehrkräften der Jahrgangsstufe 7 gilt die Vereinbarung, dass bei schriftlichen Arbeiten bei jeder Benotung im eher defizitären Bereich eine ausformulierte Beurteilung steht, auf welchen Mängeln die Note beruht. Die Schule hat seit mehreren Jahren Fördermaterialien für die einzelnen Fächer erarbeitet, die sowohl digital als auch gedruckt in Ordnern zur Verfügung stehen. Der Schüler bzw. die Schülerin erhält von der notengebenden Lehrkraft eine verbindliche Förderempfehlung unter Verwendung der auf die individuellen Probleme abgestimmten Materialien, die er/sie selbstständig innerhalb einer vorgegebenen Frist in der „Lernzeit“ bearbeitet. Am Ende dieser Phase wird in einem Gespräch zwischen Lehrkraft und Schüler/in der Lernfortschritt geklärt.

Fachspezifische Förderung

Für „begabte“ Schülerinnen und Schüler, die mittels der Noten identifiziert werden, gibt es verbindliche dreimonatige Fördermodule in den naturwissenschaftlichen Fächern. Die Schülerinnen und Schüler sind verpflichtet, an mindestens einem teilzunehmen.

Lernberatung

Die Schule bietet eine Lernberatung für alle Schülerinnen und Schüler im Rahmen der „Lernzeit“ an. Eine Lehrkraft steht dort in beratender Tätigkeit zur Verfügung, indem beispielsweise Einzelnen Wege aufgezeigt werden, mit wessen Hilfe sie Lernrückstände aufholen können (Peerlearning), wo vertiefendes Material zum aktuellen Unterricht zu finden ist etc.

„Lernzeit“

Die „Lernzeit“ findet für die gesamte Jahrgangsstufe gleichzeitig statt. Zusätzlich steht ein weiterer (größerer) Raum zur Verfügung. Um den Charakter des zum Unterricht veränderten Formates deutlich zu machen, sind die ersten 10 Minuten für die Phase des „Ankommens“ reserviert. Tische werden eventuell umgestellt, die Arbeitsplätze so vorbereitet, dass mit den Übungsaufgaben bzw. Hausaufgaben begonnen werden kann und es ist Platz für Austausch. Die „Lernzeit“ ist chronologisch in Ablaufphasen gegliedert: Übungs-, Förder- und „Enrichment“-Phase. Die beiden letzten Phasen verfolgen das Prinzip einer „Study Hall“, in der die Schülerinnen und Schüler frei wählen können, welchen Inhalten sie sich zuwenden. Zu Beginn erledigen die Schülerinnen und Schüler ihre Übungs- bzw. Hausaufgaben. Die zweite Phase gilt der Förderung. Jene Schülerinnen und Schüler, die eine Förderempfehlung bzw. ein Förderabkommen aufgrund der Leistungen in Klassenarbeiten haben, beschäftigen sich mit dem von der Lehrkraft empfohlenen Fördermaterial. Die anderen können die Zusatzangebote wahrnehmen. In der dritten Phase besteht die Gelegenheit, einerseits die Lernberatung und andererseits Angebote wahrzunehmen, die keine Vertiefung des Lehrstoffes sind sondern Themen behandeln, die nicht im Lehrplan enthalten sind.

„Horizontales Enrichment"

Die Schülerinnen und Schüler arbeiten beispielsweise in einem begrenzten Rahmen selbstständig in Einzel- oder Gruppenarbeit an selbst gewählten Projekten. Das können Wettbewerbsbeiträge, innovative Bastelarbeiten oder Ähnliches sein. Diese Phase findet im Zusatzraum statt. Einige Schülerinnen und Schüler haben in dieser Phase zudem die Gelegenheit an Profilkursen teilzunehmen. Es findet also ein sogenanntes „Drehtürmodell" statt (vgl. Abbildung 23: „Lernzeit"-Beispiel). Die beiden letzten Phasen verfolgen das Prinzip einer „Study Hall".

<table>
<tr><th colspan="4">„LERNZEIT"-Beispiel</th></tr>
<tr><td colspan="3">Umräumen, Ankommen, Beginnen</td><td rowspan="2">Internes Drehtürmodell: Profilkurse</td></tr>
<tr><td>Übungsaufgaben (Hausaufgaben)</td><td>Förderaufgaben</td><td>„Enrichment"</td></tr>
</table>

Abbildung 23: „Lernzeit"-Beispiel

Fazit

Wird das erweiterte Raster zur „individuellen Förderung in unterrichtlichen Förderkonzepten bzw. Förderbändern" (siehe Abbildung 24 auf Seite 144) zugrunde gelegt, so ergibt sich folgendes Bild: Die Schule verfolgt mit dem Konzept der „Lernzeit" das Ziel, individuelle Förderung im Rahmen der äußeren Differenzierung zu realisieren, indem sie für das Format 1 (fachspezifische Förderung) die Förderung bei Lernproblemen verwirklicht, wofür sie die Zielgruppe homogenisiert (Schülerinnen und Schüler mit unterdurchschnittlicher Leistung) und zu deren Identifizierung die Noten heranzieht. Hinsichtlich der personellen Besetzung wird hier auf die betreuende Fachlehrkraft der „Lernzeit" zurückgegriffen, die in den inhaltlichen Prozess nicht involviert ist, da der Schüler/die Schülerin mit den vorbereiteten Fördermaterialien aus den Förderordnern arbeitet. Die Fördermaßnahme ist im ersten Schritt auf vier Wochen angelegt. Im Gesamtkonzept nicht berücksichtigt sind Intensivierungskurse bei durchschnittlicher Leistung. Für überdurchschnittlich leistende Schülerinnen und Schüler bietet die Schule Förderkurse außerhalb der „Lernzeit“ an.

Das Format 2 (Vertiefungsangebote – auf den aktuellen Unterricht bezogen) wird in der „Lernzeit“ berücksichtigt, indem Gelegenheit zur Bearbeitung für Vertiefungsangebote aus dem aktuellen Unterricht geboten wird. Darunter kann die Bearbeitung der Übungsaufgaben bzw. Hausaufgaben subsumiert werden. Gezielte Trainingsmaßnahmen (Format 3) gibt es für leistungsstarke Schülerinnen und Schüler in naturwissenschaftlichen Fächern in zwölfwöchigen Modulen, die von Fachlehrkräften unterrichtet werden. Weitere gezielte Trainingsmaßnahmen für die verschiedenen Schülergruppen werden in der Jahrgangsstufe 7 nicht angeboten. Enrichment-Angebote (Format 4) hält die Schule für alle Schülerinnen und Schüler im Rahmen der „Lernzeit“ bereit, wofür ein bis zwei Fachlehrkräfte zur Verfügung stehen. Auf eine tutorielle Begleitung (Format 5) wird zu diesem Zeitpunkt noch nicht eingegangen. Eine Beratung (Format 6) durch eine (Fach-)Lehrkraft steht für alle Schülerinnen und Schüler in der „Lernzeit“ bereit.

Die Schule berücksichtigt in ihrem Förderband die meisten Formate, die zum Zweck der individuellen Förderung durch äußere Differenzierung vorgesehen sind. Hinsichtlich der Öffnung des Lernens werden methodisch-didaktische Elemente wie Freiarbeit und Projektarbeit (Format 4 – Enrichment-Angebote), aber auch Wochenpläne im Zuge der Übungsaufgaben einiger Fächer beachtet. Zudem werden Aspekte wie etwa eine lernbegleitende Diagnostik im Rahmen der defizitorientierten Förderung verwirklicht. Um das Förderkonzept vertiefend analysieren zu können, bedarf es einer genaueren Kenntnis der Formate und der Durchführungsart.

Wie am oben aufgeführten Beispiel dargestellt, eignet sich das Raster zur „individuellen Förderung in unterrichtlichen Förderkonzepten bzw. Förderbändern“ (vgl. Abbildung 24 auf Seite 144) als Instrument zur Analyse von Förderkonzepten. Gleichzeitig kann es als Grundlage für die Erstellung eines ganzen Förderbandes, also mehrerer unterschiedlich konzipierter Förderformate dienen.

Individuelle Förderung in unterrichtlichen Förderkonzepten bzw. Förderbändern

1. *Individuelle Förderung* und äußere Differenzierung				2. *Individuelle Förderung* und Öffnung des Lernens	3. *Individuelle Förderung* und innere Differenzierung durch adaptives Lernen
FORMATE Zuweisung: freiwillig/verbindlich	**Differenzierung/ Zielgruppe**	**Personaleinsatz**	**Zeitliche Aspekte**	**METHODISCH-DIDAKTISCHE Elemente**	**INDIVIDUALISIERUNG**
1. Fachspezifische Förderung		Klassenlehrkräfte	Pro Woche?	Jahrgangsübergreifendes Lernen	Individualisierte Aufgabenstellungen (Arbeitsblätter)
Begabtenförderung *(Inhalte beziehen sich/nicht auf den aktuellen Unterricht)*	Überdurchschnittliche Leistung *(Diagnose?)*	Fachlehrkräfte	Begrenzt auf ein Quartal/ zwei Quartale?		
Intensivierungsunterricht *(Inhalte beziehen sich/nicht auf den aktuellen Unterricht)*	Durchschnittliche Leistung *(Diagnose?)*	Verfügbare Lehrkräfte		Epochalprinzip: Lernen nach Jahres- und Wochenplänen	Variation der Lernzeit für die/den einzelnen
Förderunterricht bei Lernproblemen *(Inhalte beziehen sich/nicht auf den aktuellen Unterricht)*	Unterdurchschnittliche Leistung *(Diagnose?)*	Weiteres pädagogisch tätiges Personal	Durchgängig (Schuljahr)	Freiarbeit, Projektarbeit, öffentliche Präsentationen	Abgestufte Verständnishilfen (kognitive Strukturierung) 1:1-Begleitung
2. Vertiefungsangebote auf den aktuellen Unterricht bezogen	Leistungshomogene/ Leistungsheterogene Gruppe/n *(Diagnose?)*	Ältere Schülerinnen und Schüler			Kooperatives Arbeiten in heterogenen Gruppen: Peer Learning, Gruppenpuzzle
3. Gezielte Trainingsmaßnahmen *(Inhalte beziehen sich/nicht auf den aktuellen Unterricht)*	– Musische und sportliche Förderung: (Begabung/Defizit/Interesse) – Geschlechtsspezifische Förderung – sozialisationsspezifische Förderung (Motivation, etc.) *Diagnose/Instrumente?*	Sonstige			Lernbegleitende Diagnostik und Feedback
4. „Enrichment"-Angebote	Alle/nur ein Teil der Schülerinnen und Schüler				
5. Tutorielle Begleitung	Alle/nur ein Teil der Schülerinnen und Schüler				
6. Beratung	Alle/nur ein Teil der Schülerinnen und Schüler				

Abbildung 24: Individuelle Förderung in unterrichtlichen Förderkonzepten bzw. Förderbändern

4.4 Zusammenfassung

Durch Überlegungen über die Sinnhaftigkeit der 45-Minutenunterrichtsstunde kommt es in Ganztagsschulen zunehmend zum Wandel bestehender Zeitstrukturmodelle, was zu einer sukzessiven Veränderung der Lernkultur führt. Hausaufgaben, hinter deren Vergabe unter anderem die Intention des Übens und Vertiefens steht, stellen jenen Aspekt dar, der als initialzündend für unterrichtliche Veränderungsprozesse bezeichnet werden kann. Dadurch, dass in den Schulen oftmals eine Unzufriedenheit und steigendes Unbehagen mit der (traditionellen) Hausaufgabenpraxis besteht, beschäftigen Schulen sich zunehmend mit alternativen Konzepten. Dies tangiert zum einen den originären Unterricht, aber auch die unterrichtlichen Förderkonzepte bzw. Förderbänder außerhalb des Fachunterrichts.

Einerseits können durch veränderte Zeitstrukturmodelle und damit verbundene größere zusammenhängende Unterrichtszeiten Übungsphasen in den Unterricht zurückgeholt werden. Zum anderen werden im Rahmen von „Lernzeit"-Formaten Gelegenheiten geschaffen, Hausaufgaben, die nunmehr Schulaufgaben sind und teilweise mit neuen Begriffen versehen werden, zu bewältigen. Das Ziel für Ganztagsschulen ist, die traditionellen Hausaufgaben zurück in die Schule zu holen und sie an den Unterricht anzubinden. *„Die Erwartung, dass Ganztagsschüler hausaufgabenfrei nach Hause gehen, kann nur dann realisiert werden, wenn Lehr- und Lernschritte, die bisher durch die Hausaufgaben geleistet wurden, ganz oder zumindest teilweise in den Schulalltag integriert werden"* (Gängler & Markert, 2010, S. 81).

Um die Hausaufgaben in den Schultag aufzunehmen, unternehmen Schulen große Anstrengungen. Das Spektrum für Förderformate bzw. Förderbänder ist jedoch unübersichtlich und hält unterschiedliche konzeptionelle Überlegungen bereit: So gibt es

- Haus- bzw. Schulaufgabenbetreuung,
- bereichsspezifischen Förderunterricht,
- Spezialkurse/-angebote,
- individuelle Beratung,
- Tutorensysteme usw.

als Einzelformate. Daneben bieten Schulen auch Kombinationen der verschiedenen Formate im Rahmen einer zeitlich ausgedehnten (z. B. 90 Minuten-)Phase an. Dokumentationen der Lernentwicklungen der Schülerinnen und Schüler (z. B. in Form von Lerntagebüchern oder Portfolios) werden immer populärer und mittlerweile von zahlreichen Schulen als zielbringendes Element berücksichtigt und genutzt. Das Ziel, das bei allen Bestrebungen verfolgt wird, ist eine Veränderung der Lernkultur herbeizuführen, bei der sowohl die Hausaufgabenthematik als auch gezielte Unterstützungs- und Fördermaßnahmen berücksichtigt werden.

Mit der Vielfalt der Schülerinnen und Schüler hinsichtlich einer fachlichen und übenden Unterstützung umzugehen, erfolgt also über Formen der inneren und äußeren Differenzierung, der Lernbegleitung und der Beratung. Wie sich die optimale Lerngruppenzusammensetzung gestalten soll, ist dabei seit Jahrzehnten eine der Kernfragen der erziehungswissenschaftlichen Forschung. Es geht nicht darum, sich auf einem mittleren Level einzupendeln, sondern das höchstmögliche Niveau für alle Schülerinnen und Schüler anzustreben. Dies bedeutet jedoch auch, dass zukünftig – bedingt durch die Vorkenntnisse der Schülerinnen und Schüler – Niveauunterschiede beibehalten werden.

Leistungsheterogenität wird im Schulalltag zunehmend akzeptiert. Voraussetzungen für einen effektiven Unterricht in leistungsheterogenen Lerngruppen (vgl. Rubin, 2006) sind

1. eine Lerngemeinschaft, die die unterschiedlichen Fähigkeiten der Schülerinnen und Schüler akzeptiert und produktiv nutzt,
2. Gelegenheiten für verschiedene Arten des Lernens,
3. gezielte Unterstützung für Schülerinnen und Schüler,
4. Förderung für alle Schülerinnen und Schüler,
5. Lehrpläne, die sowohl auf bereits bekannte Inhalte zurückgreifen als auch diese immer weiter vertiefen und komplexer differenzieren,
6. immer wieder neue Herausforderungen für Schülerinnen und Schüler zu schaffen, damit diese eigenverantwortlich lernen.

Diese sechs Punkte können als Grundprinzipien für zu entwickelnde Förderkonzepte bzw. Förderbänder verstanden werden. Das Raster der individuellen Förderung (vgl. Abbildung 24 auf Seite 144) bietet sich als unterstützendes Instrument zur Gestaltung und Analyse an.

5. Außerunterrichtliche Angebote

Saskia Koltermann

Schulen sind insbesondere nach den Veröffentlichungen der Schulleistungsvergleiche wie PISA, TIMSS und IGLU unter Druck geraten, die Leistungen der Schülerinnen und Schüler nachhaltig zu verbessern. Im Fokus der Bestrebungen stehen zumeist der Unterricht und dessen Veränderung. Aber auf die organisatorische und zeitliche Strukturierung des ganzen Tages ebenso wie auf die Bildungsqualität der außerunterrichtlichen Angebote (vgl. Klieme, 2007; Stecher et al., 2007) sowie auf deren Lehr-Lern-Prozesse und ihre Wirkungen wird weitaus seltener eingegangen (vgl. Brümmer et. al., 2011).

Für Ganztagsschulen stellt sich dabei die Frage, inwiefern die zusätzlichen Angebote nicht nur eine zeitliche Verlängerung der Halbtagsschule darstellen, sondern ob neue Zeitstrukturmodelle und damit zusammenhängende Aspekte, wie etwa ein Wechsel von Anspannung und Entspannung auf Schul- und Unterrichtsebene (vgl. Rhythmisierung, Kapitel 1 und 2) Voraussetzungen für eine bessere (individuelle) Förderung von Schülerinnen und Schülern und somit auch deren Leistungen schaffen. Dabei können gerade in der Ganztagsschule außerunterrichtliche Angebote[5] eingerichtet werden, die sowohl bezogen auf den Umfang als auch die Vielfalt in der Halbtagsschule nicht möglich wären und durch ihre Ausgestaltung Einfluss auf die Schulleistung nehmen.

Abgrenzung von anderen Formaten

Unter außerunterrichtlichen Angeboten werden jene Angebote gefasst, die von Schülerinnen und Schülern unabhängig vom Unterricht in der verbleibenden Zeit eines Schultages zusätzlich belegt werden (können). Diese sind einerseits vom Unterricht zu unterscheiden, der für alle Schülerinnen und Schüler verpflichtend ist, aber andererseits auch von Verzahnungsangeboten (wie klassi-

5 Im angloamerikanischen Raum spricht man hier von ‚after-school-programs' bzw. ‚extracurricular activities' (Miller, 2003; Moore et al., 2000).

schen Haus- bzw. Schulaufgabenbetreuung, Arbeitsstunden oder „Lernzeiten“) und der Freizeit, die die Schülerinnen und Schüler frei wählbar gestalten können. Dies soll die folgende Abbildung 25 verdeutlichen:

	1	2	3	4
Form	Unterricht	Verzahnungsangebote: z. B. „Lernzeiten“, Arbeitsstunden, Haus-/ Schulaufgabenbetreuung, Förderunterricht	außerunterrichtliche Angebote	(Mittags-) Freizeit
Teilnahme	verpflichtend	ggf. Wahlpflicht (Verzahnung mit dem Unterricht notwendig)	Einzelangebot frei wählbar und Wahlpflicht (Verzahnung mit dem Unterricht z. T. möglich und erwünscht, vgl. Kapitel 5.6)	frei wählbar
Anbieter	Lehrkräfte	Fach-/Lehrkräfte (wenn möglich), z. T. auch weiteres pädagogisch tätiges Personal, ältere Schülerinnen und Schüler, Eltern	weiteres pädagogisch tätiges Personal, außerschulische Partner (Sportvereine, Musikschule etc.), ältere Schülerinnen und Schüler, Eltern, ggf. Lehrkräfte	nicht notwendig

Abbildung 25: Abgrenzung unterschiedlicher schulischer Angebote

Im Schulentwicklungsprozess einer Ganztagsschule ist es wünschenswert, als eines der zentralen schulischen Ziele eine erweiterte Auswahl unterschiedlichster, auch sozialpädagogischer Bildungsangebote für die Schülerinnen und Schüler zu konzipieren und bereitzustellen. Der Ausbau von Ganztagsschulen und somit auch von außerunterrichtlichen Angeboten soll es ermöglichen, ein reichhaltiges, attraktives, qualitativ hochwertiges und umfassendes örtliches Bildungs-, Erziehungs- und Betreuungsangebot zu schaffen, das sich an dem jeweiligen Bedarf der Kinder und Jugendlichen sowie der Eltern orientiert.

Anforderungen an außerunterrichtliche Angebote

In Ganztagsschulen müssen einerseits die bildungspolitischen und pädagogischen Forderungen, aber auch die Anliegen und Wünsche von Schülerinnen und Schülern an außerunterrichtliche Angebote Berücksichtigung finden. Als bildungspolitische und pädagogische Forderungen können der Kompetenzaufbau und -zuwachs im fachlichen und überfachlichen Sinne, soziales Lernen, aber ggf. auch berufliche Orientierungen genannt werden (Rollett et al., 2011). Durch die individuelle ganzheitliche Bildung von Kindern und Jugendlichen sollen die Entwicklung ihrer Persönlichkeit, Selbst- und Sozialkompetenzen, Fähigkeiten, Talente, Fertigkeiten und ihr Wissenserwerb systematisch gestärkt werden. Die Bedürfnisse der Schülerinnen und Schüler richten sich an Geschlecht, Alter, aber auch den unterschiedlichen Begabungen und Neigungen aus. Die Forderungen und Bedürfnisse sollen durch eine flexible und bedarfsgerechte Mischung von verpflichtenden und freiwilligen Angeboten sichergestellt werden.

Aus einem Ort der reinen Wissensvermittlung gilt es somit einen Lebensraum zu schaffen, der auch den vielfältigen Freizeitbedürfnissen von Schülerinnen und Schüler gerecht wird. Dass es sich dabei nicht nur um die Möglichkeit eines „kurzen Ausruhens" in der Mittagspause handeln sollte, um die Schülerinnen und Schüler für die Leistungsanforderungen des Unterrichts fit zu machen, zeigt die nachfolgende Übersicht.

Freizeitbedürfnisse von Kindern und Jugendlichen

Reaktionsbedürfnisse: Erholung, Entspannung und Wohlbefinden

Kompensationsbedürfnisse: Ausgleich, Ablenkung und Vergnügen

Edukationsbedürfnisse: Kennenlernen, Weiterlernen und Umlernen

Kontemplationsbedürfnisse: Selbstbesinnung, Selbsterfahrung und Selbstfindung

Kommunikationsbedürfnisse: Mitteilung, Sozialkontakte und Geselligkeit

Integrationsbedürfnisse: Gruppenbezug, Sozialorientierung und gemeinsame Lernerfahrung

Partizipationsbedürfnisse: Beteiligung, Mitbestimmung und Engagement

Bedürfnis nach Enkulturation: Kreative Erlebnisentfaltung, kulturelle Aktivität und Produktivität

(vgl. Opaschowski, 1977)

Das folgende Kapitel betrachtet aus diesem Grund Aspekte der Planung, der Ausgestaltung sowie der Kooperation mit außerschulischen Partnern, die zu berücksichtigen sind, um außerunterrichtliche Angebote machen zu können, die positiven Einfluss auf die Entwicklung der Schulleistung der teilnehmenden Schülerinnen und Schüler nehmen.

5.1 Zeitrahmen

Außerunterrichtliche Angebote können im Rahmen von gebundener und ungebundener Freizeit offeriert werden.

Ungebundene Freizeit

Im Rahmen der ungebundenen Freizeit werden zum einen Angebote unterbreitet, deren Teilnahme freiwillig ist. Hier sind Personen (z. B. Lehrkräfte, Sozialpädagogen, externe Partner, Eltern und ältere Schülerinnen und Schüler) anwesend, die Hilfestellungen und Anregung geben. Zum anderen können die Kinder und Jugendlichen diese unverplante Zeit auch außerhalb von angeleiteten Angeboten wahrnehmen (z. B. Spielausleihe, Entspannen im Ruheraum oder Quatschen mit Mitschülern in der Cafeteria).

> *„In der Spielausleihe gibt es immer wieder neue Dinge, die wir noch nicht kennen und ausprobieren können. Manchmal zeigt uns auch eine Aufsicht, wie man z. B. jongliert oder Slackline balanciert."*
>
> (Schülerin)

Gebundene Freizeit

Unter gebundener Freizeit werden Arbeitsgemeinschaften, Kurse, Werkstätten und Projekte verstanden, die Schülerinnen und Schüler je nach Interessen und Neigung für einen bestimmten Zeitraum (z. B. für ein halbes Jahr; vgl. Kapitel 5.8 Organisation der Angebote) anwählen können bzw. müssen (z. B. Einrad-AG, Projekt „Schülerzeitung"). Die Teilnahme für den gewählten Zeitraum ist verpflichtend.

Je nach Organisation an der Schule können die Schülerinnen und Schüler diese Zeit also einerseits nutzen, um sich zu erholen oder eigenen Interessen nachzugehen, sie kann aber andererseits auch dazu dienen, an Angeboten teilzunehmen (vgl. Kapitel 1.2 zum Eigenrhythmus).

> *„In der Pause verbringe ich die Zeit meistens mit meinen Freunden beim Fußball oder ich entspanne, wenn ich Kopfschmerzen habe. Freitags gehen wir zur Schuldisko, die im Forum angeboten wird. Manchmal nutze ich die Zeit aber auch, um etwas nachzufragen, was ich im Unterricht nicht verstanden habe. Da helfen Schüler aus der Oberstufe."*
>
> *(Schüler, Klasse 7)*

Da sowohl die gebundenen als auch die ungebundenen außerunterrichtlichen Angebote in der Ganztagsschule meist unabhängig vom Unterricht gestaltet werden, können diese insbesondere in der Mittagszeit, aber auch vor bzw. nach der Kernunterrichtszeit erfolgen oder in diese eingebunden sein. Eine optimale Platzierung im Tagesablauf hängt von der Einzelschule und ihren Zeitstrukturabläufen, aber z. T. auch von den Angeboten der außerschulischen Partner ab.

Die in der Ganztagsschule vorgeschriebene Mittagspause dient in erster Linie der Nahrungsaufnahme (vgl. Kapitel 2.1 Mahlzeiten und Verpflegung)[6]. Je nach Organisation an der Schule dauert die Essensausgabe unterschiedlich lang. Es kann aber damit gerechnet werden, dass die Schülerinnen und Schüler nur rund ein Drittel einer 60-minütigen Mittagspause (ca. 20 Minuten) mit Essen verbringen. Die darüber hinaus verbleibende freie Zeit kann demzufolge als ungebundene und gebundene Freizeit betrachtet werden (vgl. Kapitel 2.1 Spiel und Freizeitangebote). Angebote, die außerhalb der Mittagspause angesiedelt sind, finden zumeist (insbesondere in offenen und teilgebundenen Ganztagsschulen) im Nachmittagsbereich statt (vgl. Kapitel 3.3 Stundenpläne).

5.2 Entwicklung und Planung

Die Entwicklung und Planung der unterschiedlichen außerunterrichtlichen Angebote sollte sich wie oben erwähnt sowohl an den bildungspolitischen und

6 Die Einführung von Mittagsverpflegung und täglichen Bewegungszeiten bedeutet darüber hinaus auch einen wichtigen Schritt zu einer nachhaltigen Gesundheitsförderung.

pädagogischen Forderungen (z. B. nach Kompetenzaufbau und -zuwachs sowie der besonderen Förderung der Schülerinnen und Schüler) als auch den Bedarfen der Schülerschaft orientieren. Bei der Planung und Organisation außerunterrichtlicher Angebote ist ein wesentliches Merkmal die Öffnung von Schule und die Zusammenarbeit mit den im umliegenden Sozialraum tätigen Akteuren. Der Ganztag einer Schule soll dabei auch Bestandteil der kommunalen Schulentwicklungs- und Jugendhilfeplanung sein. Um ein reichhaltiges Angebote vorzuhalten, kann der Schulträger mit Trägern der öffentlichen und der freien Jugendhilfe und anderen Einrichtungen, die Bildung und Erziehung fördern, eine weitergehende Zusammenarbeit vereinbaren (vgl. § 9 SchulG NRW).

„Als ich an der Schule eingesetzt wurde, gab es eine klare Trennung zwischen dem Fachunterricht, den die Lehrer durchführen, und meinem Bereich. Mittlerweile ergänzen wir uns gegenseitig gut, denn den Schülern fehlen mehr und mehr soziale Kompetenzen, und es wird erkannt, wie wichtig diese gerade auch für den Unterricht sind."

(Schulsozialarbeiter)

Eine frühe Beteiligung der kommunalen Ämter an den Planungsprozessen der Schulen ist dabei nicht nur wünschenswert, sondern kann die Schule auch weitreichend unterstützen. Zur Konzeption und Organisation von Angeboten bietet es sich an, an der Schule eine Steuergruppe einzurichten, die auch den Kontakt zu kommunalen Ämtern und möglichen außerschulischen Partnern aufbaut.

Die Stadtteilschule Poppenbüttel in Hamburg befindet sich gerade in der Umstellung von einer Halbtags- hin zu einer gebundenen Ganztagsschule. Um diesen Prozess zu unterstützen, wurde eine AG Ganztag eingerichtet. Neben dem Ganztagskoordinator und einigen Lehrkräften aus dem Lehrerkollegium setzen sich die weiteren Mitglieder aus Vertreterinnen und Vertretern der Sozialpädagogen, Eltern und dem Schulsprecher zusammen. Die Hauptaufgaben dieser Gruppe sind

- *die Konzeptentwicklung,*
- *die Evaluation,*
- *die Informationsweitergabe in die verschiedenen Gremien und*
- *die Gestaltung von Informationsveranstaltungen.*

Ist die Auswahl der Partner erfolgt, sollten diese ebenfalls an Steuergruppensitzungen beteiligt werden. Eine Steuergruppe bzw. eine „AG Ganztag" begleitet dabei **alle** konzeptionellen und organisatorischen Veränderungsprozesse, die das Ganztagsschulleben betreffen.

5.3 Inner- und außerschulische Kooperationspartner

Der „Ganztag gelingt im Zusammenspiel schulischer, kommunaler und zivilgesellschaftlicher Verantwortung" (Schäfer & Reichel, 2013, S. 200).

Kooperationen in der Ganztagsschule finden im Rahmen der innerschulischen und der außerschulischen Kooperation statt.

Innerschulische und außerschulische Kooperation

Unter innerschulischer Kooperation sind Kooperations- bzw. Partizipationsformen zwischen Lehrkräften, dem weiteren pädagogisch tätigen Personal, aber auch Schülerinnen und Schülern sowie Eltern gemeint. Die außerschulische Kooperation bezieht auch weitere Partner mit ein, die in der folgenden Abbildung beispielhaft aufgeführt sind:

Außerschulische Kooperationspartner	
Freie Anbieter	Wohlfahrtsverbände, Jugendverbände, Sport-, Kultur-, Musik-, Schulförder- und sonstige Vereine, Initiativen, Kirchengemeinden, Einzelanbieter etc.
Gewerbliche Anbieter	Kommerzielle Sportanbieter, Musik- und Kunstschulen, Industrie, sonstige Dienstleister, Einzelanbieter
Öffentliche Anbieter	Einrichtungen des Bundes und der Länder, überörtliche und örtliche Träger, z. B. Jugendamt, Polizei, Stadtbibliotheken, Museen etc.
Lernpartner	Lernpartnerschaften im Rahmen von Netzwerken (mit anderen Schulen, mit Partnern aus den Kommunen, z. B. Bildung „lokaler Bildungslandschaften" etc.)
Finanzierungspartner, Sponsoren (Fundraising)	Damit sind sowohl die Schulträger als auch Sponsoren gemeint, die gewonnen werden müssen

Abbildung 26: Unterscheidung der außerschulischen Kooperation nach den verschiedenen Kooperationspartnern

Gründe für Kooperationen mit außerschulischen Partnern

Eine Öffnung zum schulischen Umfeld und damit die Kooperation mit außerschulischen Partnern hat verschiedene Gründe. Einer der Gründe ist der Ausgleich personeller Engpässe, da Angebote nicht vom eigenen Personal geleistet werden können und freizeitpädagogisch geschultes Personal oder spezifische Anbieter notwendig werden.

Partner können sowohl gemeinnützige, privatwirtschaftliche und öffentliche Organisationen als auch Bildungsträger und soziale Einrichtungen sein (vgl. Rollett et al., 2011). Sie sollen mit den eigenen Bildungskompetenzen Teil einer Ganztagsschule werden. Dabei steht die Frage nach den besonderen (auch sozialpädagogischen) Kompetenzen der Partner aus Jugend- und Kulturarbeit sowie deren methodischer Arbeitsweise ebenso wie spezifische Zugangsweisen und Arrangements von Lern- und Erfahrungsorten (wie etwa Theater oder Begegnungsstätten wie Schülercafes) im Vordergrund.

> *„Ein ganzheitliches Konzept wird danach schauen, an welchen Stellen die jeweiligen Kompetenzen am wirksamsten einzusetzen sind im Sinne von Lebens- und Lernhilfen für SchülerInnen. Dahinter steht die Annahme, dass die Schule aus ihrer Not herauskommen und das Lernen erfolgreicher werden kann, wenn die Kooperation [...] gelingt“ (Bönsch, 2012, S. 10).*

Eine zufällige Öffnung, die nur auf bestehenden informellen Kontakten basiert, orientiert sich hingegen meist nicht an den schulischen Zielen und vorliegenden Konzepten. Eine unabgestimmte, wahllose Mischung an außerunterrichtlichen Angeboten darf demnach nicht das Ziel von Kooperationsbestrebungen sein (zur Frage nach schulischer Kooperationspraxis vgl. auch den Schlussbericht „Schule und soziale Netzwerke“ des Deutschen Jugendinstituts von Behr-Heintze/Lipski, 2004).

Unter dem Dach der Ganztagsschule treffen also Angebote von Kultureinrichtungen, Musikschulen, Sportvereinen und Einrichtungen der Jugendhilfe und Jugendarbeit aufeinander.

„Die Einrichtung von Ganztagsschulen bietet für unseren Sportverein vielfältige Chancen, denn wir erreichen auch sportferne oder inaktive Kinder über unser Angebot in der Schule. Außerdem wird die tägliche Bewegungszeit durch außerunterrichtlichen Schulsport für alle Schüler ausgeweitet."

(Trainer in einem Sportverein)

Hier ist die Möglichkeit gegeben, dass sich Lehrkräfte mit sozialpädagogischen Fachkräften und anderen Fachkräften aus Kultur, Sport o.ä. über die Entwicklungsmöglichkeiten der Schülerinnen und Schüler austauschen und gemeinsame Konzepte entwickeln. In Nordrhein-Westfalen ist darüber hinaus die Beteiligung von gewinnorientierten Trägern und kommerziellen Nachhilfeinstituten unzulässig (vgl. u.a. das nordrheinwestfälische Schulgesetz § 55 SchulG).

Die Datenbank des Deutschen Jugendinstituts bietet einen Fundus an Beispielen für Kooperationen mit unterschiedlichsten außerschulischen Einrichtungen und einzelnen Partnern (vgl. http://db.dji.de/cgi-bin/db/default.php?db=16; vgl. auch http://www.ganztagsschulen.org/de/252.php)

Anlässe und Ziele für Kooperationen

Setzt sich die Schule nun mit dem Aspekt der Kooperation weiter auseinander, kann generell zwischen den Anlässen und Zielen von Kooperation unterschieden werden:

1. **Anlässe** der Zusammenkunft:
   - Schul-, Lehrer-, Schüler-, Klassen-, Stufen-, Fach-, Teamkonferenzen, Elternrat etc.
   - Treffen zwischen Lehrkräften und Kräften des weiteren pädagogisch tätigen Personals
   - Steuergruppentreffen, Treffen temporärer Arbeitsgruppen, Treffen auf Leitungsebene (Schulleitung und Leitung bzw. Koordination des außerunterrichtlichen Bereichs)

2. **Zielstellung** der Zusammenkunft:

- die Treffen finden auf der *Konzeptebene* statt, um (weitreichende) Strategien zu planen (Welche außerunterrichtlichen Angebote sollen präsentiert werden? Welche Personengruppen müssen bei der Entwicklung beteiligt werden? etc.)
- die Treffen finden auf der *Maßnahmenebene* statt (z. B. eine temporäre Arbeitsgruppe, die eine Informationsbroschüre im Hinblick auf das vorhandene außerschulische Angebot erstellt)

Für zusätzliche Angebote sind in der Ganztagsschule neben zeitlichen auch finanzielle Spielräume (u. a. Kapitalisierung von Lehrerstellen zu Gunsten weiterer Angebote) vorhanden, um Träger aus dem Umfeld der Schule zu gewinnen. Daneben können aber auch Eltern in die Mitwirkung einbezogen werden, die ggf. attraktive Angebote für die Schülerinnen und Schüler gestalten (vgl. Kapitel 2.1 zu Partizipation von Schülerinnen und Schülern und Elternbeteiligung).

5.4 Kooperationsgestaltung und -herausforderungen mit außerschulischen Partnern

Die Öffnung der Schule für neue Partner bedeutet folglich die Notwendigkeit der verstärkten Zusammenarbeit. Um zu einer gelingenden Kooperation beizutragen, sollten im Vorfeld im Hinblick auf die Partner von außen folgende Fragen gestellt werden:

- Für welche Angebote sollen Partner an die Schule geholt werden (Tätigkeitsfelder im freizeitpädagogischen, im unterrichtsunterstützenden oder im organisatorischen Bereich)?
- Ist ein „bunter Blumenstrauß" an außerunterrichtlichen Angeboten gewünscht (um z. B. attraktiv für Eltern zu erscheinen) oder sollen die Angebote auf das Leitbild der Schule ausgerichtet sein und im Endeffekt in einer Verzahnung mit dem Unterricht münden?
- Sollen Standards für die Personen festgelegt werden, die von außen kommen und mit den Schülerinnen und Schülern arbeiten oder soll von Fall zu Fall frei entschieden werden?

- Wie wird den außerschulischen Partnern das Schulprofil, das Leitbild, der Umgang mit den Schülerinnen und Schülern vermittelt?

Arbeitsbedingungen der unterschiedlichen Berufsgruppen

Ist bereits generell über die Kooperation mit außerschulischen Partnern entschieden worden, dann stellt die aktive Zusammenarbeit von Lehrkräften und dem weiteren pädagogisch tätigem Personal eine der großen Schwierigkeiten in Ganztagsschulen dar. Die Problematik ist u. a. dadurch gegeben, dass die Berufsgruppen unter sehr unterschiedlichen Bedingungen an der Schule arbeiten. Damit sind z. B. die unterschiedlichen Anstellungsverhältnisse (Zeitverträge versus Beamtenstatus) und die damit verbundene Bezahlung gemeint. Dazu kommen noch ungleiche verpflichtende Anwesenheitszeiten und anrechnungsfähige Arbeitsinhalte, wie z. B. die Gestaltung und Durchführung von Elternabenden.

„Mir als Beamtin war gar nicht klar, unter welchen schwierigen Bedingungen die Mitarbeiterinnen, die die außerunterrichtlichen Angebote gestalten, teilweise arbeiten. Ehrlich gesagt habe ich mir darüber auch nie Gedanken gemacht. Erst bei unserem letzten gemeinsamen Ausflug ist mir das bei einem sehr netten Gespräch mit einer Mitarbeiterin eines Sportvereins bewusst geworden. Sie hat berichtet, wie unsicher ihre Stellensituation ist."

(Lehrerin)

Die unterschiedlichen Qualifikationsmerkmale können zu Irritationen in der Zusammenarbeit führen (akademische oder nichtakademische Ausbildung, pädagogische oder nicht pädagogische Ausbildung, fachliche Ausbildung, keine Ausbildung etc.), da eben nicht alle Kräfte über eine Lehrerausbildung verfügen. Kooperationsschwierigkeiten entstehen z. T. aus Statuskämpfen, die aufgrund mangelnder gegenseitiger Anerkennung und ungeklärter Funktions- und Aufgabenbereiche in Erscheinung treten. Wohl auch aus diesem Grund ist die Kooperationshäufigkeit zwischen Lehrkräften und dem weiteren pädagogisch tätigen Personal deutlich geringer ausgeprägt als innerhalb der Berufsgruppe der weiteren pädagogisch Mitarbeitenden [vgl. die Studie zur Entwicklung von Ganztagsschulen (StEG)].

Zusammenführung der Kooperationspartner

> *„Durch die Kooperation bezogen auf die außerunterrichtlichen Aktivitäten ist auch die Sensibilität der meisten Kollegen für die familiären, sozialen und emotionalen Belange von Schülerinnen und Schülern gewachsen."*
>
> *(Lehrer)*

Um Missverständnissen zwischen den Berufsgruppen entgegenzuwirken und Kooperationspartner zu Kollegen werden zu lassen, können folgende Vorkehrungen getroffen werden:

- Veranstalten Sie einen pädagogischen Tag unter dem Motto „Kooperation in der Ganztagsschule". Klären Sie die Lehrkräfte auf bzw. machen Sie transparent, unter welch teilweise prekären Bedingungen das weitere pädagogisch tätige Personal arbeitet (z. B. Zeitverträge, Stundenverträge im Unterschied zu Halbzeit- und Vollzeitstellen, Höhe des Stundenlohnes, Rentenabsicherung etc.).
- Klären Sie im Gegenzug das weitere pädagogisch tätige Personal auf bzw. machen Sie die Nachteile des Deputatsmodells transparent, das die tatsächliche Arbeitszeit von Lehrkräften im Dunkeln hält (einzelne Lehrkräfte arbeiten bis zu 60 Stunden pro Woche).
- Sprechen Sie die unterschiedlichen beruflichen Sozialisationsmuster, beruflichen „Sprachen" mit deren spezifischen Ausdrücken und deren Auswirkungen an.
- Laden Sie zu gemeinsamen Veranstaltungen wie Kollegiumsausflügen, Kennenlernabenden, Fortbildungen etc. ein.
- Bieten Sie Gelegenheiten für gegenseitige Hospitationen in den Arbeitsbereichen (Unterricht, außerunterrichtliche Angebote), um die Arbeit der Beteiligten kennen zu lernen.
- Achten Sie darauf, dass zukünftig Zeitfenster für Kooperationszeiten zur Verfügung stehen (vgl. Kamski et al., 2013).

Beispiele für ***Problembereiche und Lösungswege*** *in der Kooperation zwischen Schule und Sportverein (vgl. Deutscher Leichtathletik-Verband, 2010, S. 27 f.):*

- ***Ressourcennutzung und -koordinierung:*** *An Schulen liegt häufig eine unzureichende Sportstättenkapazität vor, so dass die Verteilung der Zeiten abgestimmt sowie Sportplätze und Hallen zu den Angebotszeiten geteilt werden müssen. Deshalb wird es erforderlich sein, nicht nur auf ‚normierte' Sportstätten zurückzugreifen, sondern auch neue Spielräume zu eröffnen.*
- ***Fehlende Sportgeräte:*** *Ein gemeinsamer Gerätepool für mehrere Schulen und Vereine und die gegenseitige Ausleihe kann Engpässe verhindern helfen.*
- ***Terminüberschneidungen von Vereins- und Schulaktivitäten:*** *Enge Absprachen zwischen Kursangeboten der Vereine und Neigungsgruppen an der Schule sind notwendig und können z. B. durch einen regelmäßigen Austausch und gegenseitige Information der Schul- und Vereinsbeauftragten gewährleistet werden. Dadurch kann gleichzeitig eine Überlastung durch organisatorische und personelle Belastungsspitzen durch Veranstaltungen vermieden werden.*
- ***Fehlende Übungsleiter oder Sportlehrer:*** *Grundlegend ist die Erstellung eines Mitarbeiterkonzeptes, das Transparenz in der zeitlichen Beanspruchung des/der Einzelnen schafft. Die Einbindung von Schülerinnen und Schülern und deren Qualifizierung zu Sporthelfern oder Schulsportassistenten kann eine Entlastung bewirken.*
- ***Nicht ausreichende Qualifikation der Übungsleiter:*** *Sowohl das Aus- und Fortbildungsangebot des Deutschen Leichtathletik-Verbandes als auch des Landessportbundes und der Stadt- und Kreissportbünde können genutzt werden, um die Übungsleiter auf die entsprechenden Angebote vorzubereiten.*

Gelingensbedingungen für die Kooperation

„Während Fachkräfte der Jugendarbeit eher kooperativ sozialisiert sind, gilt für viele Lehrer nach wie vor das ‚Prinzip der Nichteinmischung' in die Arbeit von Kollegen" (Neuber, 2007, S. 6)

Dass der Gewinn einer solchen Zusammenarbeit groß ist, liegt auf der Hand. Dabei können mittlerweile auch aus einer Reihe verschiedener empirischer Studien Gelingensbedingungen für die Kooperation zwischen den Berufsgruppen zusammengetragen werden (vgl. Haenisch, 2009; Kamski, 2011; Schulz-Algie/Derecik/Stoll, 2009). Förderliche Bedingungen für die Zusammenarbeit sind dabei u. a.:

- Klare Ansprüche (basierend auf den Zielvorstellungen der Ganztagsschule) bei der Auswahl externer Angebote definieren, Standards dafür formulieren.
- Die Gelegenheit für kontinuierliche Gespräche zwischen Lehrkräften und dem weiteren pädagogisch tätigen Personal bereitstellen.
- An Erfahrungen (mit Nachmittagsangeboten) anknüpfen und diese nutzen.
- Zeitliche Kontingente für Lehrkräfte und das weitere pädagogisch tätige Personal in Form von Extrastunden für Verzahnungsaktivitäten zur Verfügung stellen.
- Aufbau von Patenschaften zwischen Lehrkräften und weiterem pädagogisch tätigen Personal, um direkte Ansprechpartner miteinander zu verknüpfen.
- Beteiligung der Lehrkräfte an außerunterrichtlichen Angeboten initiieren (z. B. Haus- bzw. Schulaufgabenbetreuung).
- Einbau von Springerstunden für Lehrkräfte in den Organisationsplan, um gemeinsame Vorbereitungen von Lehrkräften und dem weiteren pädagogisch tätigen Personal gewährleisten zu können.
- Offenlegung bzw. Bekanntgabe der Themen- und Arbeitspläne sowohl der Lehrkräfte als auch der Kräfte des weiteren pädagogisch tätigen Personals.
- Gemeinsame Fortbildungen und Veranstaltungen wahrnehmen (vgl. auch Kamski et al., 2013).

Verbindliche Vereinbarungen für Kooperationsformen

Im Rahmen einer gemeinsamen Steuergruppe sollten sich Vertreterinnen und Vertreter der Schule und außerschulische Partner über das Angebot in Einvernehmen setzen und die Grundlage der gemeinsamen Vorhaben und Zusammenarbeit schriftlich formulieren. Der Abschluss eines schriftlichen Kooperationsvertrages sorgt für verbindliche und verlässliche Verfahren bei der Gestaltung der Angebote und für eine Kooperation auf Augenhöhe (vgl. Schäfer & Reichel, 2013). Die schriftliche Form hat darüber hinaus viele Vorteile:

- Schriftliche Vereinbarungen heben die Bedeutung und den Wert der Zusammenarbeit hervor und schaffen Verbindlichkeit.
- Die Partner und Partnerinnen finden eine gemeinsame Formulierung für ihre Zusammenarbeit, die Klarheit und Orientierung bietet.
- Schriftliche Formen der Vereinbarungen bieten eine gute Möglichkeit, die Ebene der Schulämter, Schulaufsicht, Schulverwaltungsämter, Jugendämter oder Landesjugendämter einzubeziehen.
- Schriftliche Vereinbarungen erleichtern die Bilanzierung der gemeinsamen Arbeit (vgl. http://www.bmfsfj.de/doku/Publikationen/kjhg/3-Wie-fange-ich-an/3-6-kooperation-braucht-verbindliche-vereinbarungen.html).

Der Kooperationsvertrag sollte die gemeinsam erarbeiteten Punkte festhalten und insbesondere Versicherungs- und Haftungsfragen klären, um eine Grundlage für eine gelingende Ganztagsschule zu schaffen. Folgende Punkte sollten berücksichtigt werden:

- Laufzeit
- Kündigung
- Zeitlicher Umfang des Angebots
- Arbeits-/Pausenzeit/Urlaub
- Vergütung
- Dienst-/Fachaufsicht
- Angebot
- Sachkosten/Ausstattung
- Räumlichkeiten
- Vertretungs-/Ausfallregelung
- Fach-/Kooperationsgespräche
- Qualifikation des Personals (vgl. GEW, 2008, S. 291)

Wichtig bei der Erstellung der Vereinbarungen ist es, dass sie gemeinsam erstellt und diskutiert werden. Dabei müssen alle Seiten die Möglichkeit haben, die ihnen wichtigen Punkte einzubringen und zu besprechen, ohne dafür angegriffen zu werden. Auftretende Konfliktpunkte werden in diesem Rahmen ausgehandelt und nicht durch ungenaue Formulierungen oder Auslassungen vertagt. Im Gegenzug bedeutet dies, dass Formulierungen eindeutig und für alle Beteiligten verständlich sind. Abschließend sollten alle Seiten die Vereinbarungen unterzeichnen und als verbindlich anerkennen.

Finanzierungsmöglichkeiten

Das Zustandekommen einer Kooperation hängt oftmals von der Frage der Finanzierung ab. Auch wenn es immer wieder außerschulische Partner gibt, die ihre Dienste umsonst anbieten, so ist es für eine langfristige, zufriedenstellende Kooperation wichtig, dass der Anbieter eine Entlohnung erhält. Da sich die finanzielle Förderung in den Bundesländern unterscheidet, sind hier nur beispielhaft die gängigsten Möglichkeiten benannt, die für eine Schule in Betracht gezogen werden können:

- Schulgelder zur Gestaltung der Kooperationsangebote
- Landeskooperationsprogramme
- Förderverein

5.5 Kriterien für außerunterrichtliche Angebote

Bei der Planung und Auswahl der Angebote bietet es sich an, folgende Kriterien für ein ausgewogenes und vielfältiges Ganztagsangebot zu berücksichtigen, wie sie z. B. im Schulgesetz des Landes NRW verankert sind. Die Angebote sollten

- für unterschiedlich große und heterogene Gruppen, die auch besondere soziale Problemlagen berücksichtigen, gestaltet werden.
- die Interessen der Schülerinnen und Schüler durch zusätzliche themen- und fachbezogene oder fächerübergreifende, auch klassen- und jahrgangsstufenübergreifende Angebote und außerunterrichtliche Praktika fördern.
- zusätzliche Zugänge zum Lernen eröffnen (zum Beispiel Kunst, Theater, Musik, Werken, Geschichtswerkstätten, naturwissenschaftliche Experimente, Sport).
- Anregungen und Unterstützung beim Lösen von Aufgaben aus dem Unterricht und Eröffnung von Möglichkeiten zur Vertiefung und Erprobung des

Gelernten sowie zur Entwicklung der Fähigkeit zum selbstständigen Lernen und Gestalten beinhalten.

- sozialpädagogische Aspekte, insbesondere im Rahmen von Projekten der Kinder- und Jugendhilfe (zum Beispiel interkulturelle, geschlechtsspezifische, ökologische, partizipative, freizeitorientierte und offene Angebote) berücksichtigen.
- Möglichkeiten und Freiräume zum sozialen Lernen, für Selbstbildungsprozesse und für selbstbestimmte Aktivitäten schaffen.
- ein angemessenes Gleichgewicht von Anspannung und Entspannung mit entsprechenden Ruhe- und Erholungsphasen und von Kindern und Jugendlichen frei gestaltbaren Zeiten sowie Angebote zur gesunden Lebensgestaltung, u. a. zu einer gesunden Ernährung, bedenken.
- vielfältige Bewegungsanreize und -angebote bieten.
- die Einbindung der Eltern sowie der Schülerinnen und Schüler an Konzeption und Durchführung der Angebote erwägen (vgl. § 9 Absatz 1 und Absatz 3 SchulG NRW).

Aus der Fülle der Kriterien wird deutlich, dass nicht alle Merkmale von jeder Schule berücksichtigt werden können. Eine Prüfung, ob im Angebotskanon aber zumindest ein Großteil der Anforderungen mitbedacht wurde, ist empfehlenswert.

Angebotskategorien

Die außerunterrichtlichen Angebote lassen sich laut der Studie zur Entwicklung von Ganztagsschulen (StEG) in vier Kategorien unterteilen:

1. Hausaufgabenbetreuung und Förderung (vgl. dazu Kapitel 4)
   Hausaufgabenhilfe/Hausaufgabenbetreuung; Förderunterricht für Schülerinnen und Schüler mit niedrigen oder hohen Fachleistungen; spezifische Fördermaßnahmen für Schülerinnen und Schüler nichtdeutscher Muttersprache und Herkunft
2. Fachbezogene Angebote
   Mathematische Angebote; naturwissenschaftliche Angebote; Angebote im Bereich Deutsch/Literatur; Fremdsprachenangebote; sportliche Angebote; musisch-künstlerische Angebote

3. Fächerübergreifende Angebote
   Handwerkliche/hauswirtschaftliche Angebote; technische Angebote/neue Medien; Gemeinschaftsaufgaben und Formen von Schülermitbestimmung; Formen sozialen Lernens; Formen interkulturellen Lernens; Dauerprojekte
4. Freizeitangebote
   Freizeitangebote in gebundener Form; freiwillig zu nutzende Freizeitangebote; Beaufsichtigung von Schülerinnen und Schülern in der Freizeit" (vgl. Rollett, 2011, S. 81).

Längsschnittliche Befunde (vgl. StEG) konnten zeigen, dass Grundschulen bei der Einführung des Ganztags ihr Angebot inhaltlich stark ausgeweitet haben. Trotzdem ist bezogen auf bestimmte Angebotselemente im Entwicklungsprozess noch ein großer Nachholbedarf auszumachen: „Dies gilt u. a. für Angebote zum sozialen Lernen und zu Gemeinschaftsaufgaben bzw. zur Schülermitbestimmung sowie zu Fremdsprachen, insbesondere aber für die ausgesprochen selten auftretenden Angebote zum interkulturellen Lernen" (Rollett et al., 2011, S. 94).

Sinnhaftigkeit und Ziel der Ganztagsangebote

Auch wenn von jeder Schule ein spezifischer Schwerpunkt gelegt werden kann, der sich z. B. am Leitbild bzw. Schulprogramm und an der Schülerschaft der jeweiligen Schule orientiert, muss sich eine Ganztagsschule den Sinn der jeweiligen außerunterrichtlichen Angebote bewusst machen, wenn ein ganzheitliches und kind- bzw. jugendgerechtes Konzept der Kompetenz- und Persönlichkeitsentwicklung verfolgt werden soll. Neben der Unterrichtszeit kann auch der Freizeitbereich in der Schule u. a. dazu dienen, Wissen und Können zu erwerben, Lernvoraussetzungen wie Durchhaltevermögen, Konzentration, das Einhalten von Regeln und die Ausbildung von Frustrationstoleranz zu schulen. Ferner können durch abwechslungsreiche Angebote aber auch Talente entdeckt sowie vielfältige Fähigkeiten und Fertigkeiten ohne Notendruck eingeübt und erprobt werden. Spaß und Leistung stellen dabei keinen Gegensatz dar.

„Ich wollte schon immer ein Instrument lernen, aber erst in der Schule konnte ich es ausprobieren. Jeden Dienstag spiele ich nun in der AG Gitarre. Zuhause muss ich eigentlich üben, deshalb wünsche ich mir zum Geburtstag eine eigene Gitarre."

(Schülerin, Klasse 6)

Neben den von Lehrkräften und außerschulischen Partnern für sinnvoll erachteten Angeboten ist es auch notwendig, die Einflussmöglichkeiten der Abnehmer – in diesem Fall die Freizeitbedürfnisse der Schülerinnen und Schüler – zu berücksichtigen. Sie können bei der Auswahl und Zusammenstellung der außerunterrichtlichen Angebote im Ganztag (z. B. bei einer Zukunftswerkstatt, durch Umfragen etc.) eingebunden werden.

Chancen durch die Kooperation mit außerschulischen Partnern am Beispiel eines **Sportvereins**: Gute Möglichkeiten für die Schule liegen insbesondere in der Öffnung von Schule, der Bildung eines individuellen Schulprofils, der Erweiterung des Sportangebots und der Hilfestellungen bei der Einrichtung und Vorbereitung von Schulmannschaften. Aber auch der Sportverein kann davon profitieren, denn neben der Mitgliedergewinnung und Imageverbesserung hat dieser die Möglichkeit der Talentsichtung, der Erreichbarkeit neuer Zielgruppen, aber auch der Gewinnung neuer ehrenamtlicher Helfer. So kann für beide Seiten eine gewinnbringende Kooperation entstehen.

„Der Aufbau einer Ganztagsschule und die längeren Schulzeiten hatten zur Folge, dass immer weniger Schüler die Trainingszeiten des Vereins nutzen konnten und dem Training fernblieben. Also mussten wir uns etwas überlegen. Jetzt machen wir Trainingsangebote direkt in der Schule und sprechen viel mehr Schüler an. Zur Vorbereitung auf die Bundesjugendspiele kooperieren wir besonders eng mit den Sportlehrern."

(Trainer in einem Leichtathletikverein)

5.6 Verzahnung von Unterricht und außerunterrichtlichen Angeboten

Eine Verzahnung von Unterricht und außerunterrichtlichen Angeboten kann auf inhaltlicher und methodischer Ebene erfolgen und stellt in einer Ganztagsschule neben zahlreichen Pflichtbereichen die Kür dar. Die Studie zur Entwicklung von Ganztagsschulen (StEG) konnte zeigen, dass es einem großen Teil der Ganztagsschulen bisher noch an einer konzeptionellen Verknüpfung zwischen Unterricht und außerunterrichtlichen Angebotsformen fehlt. Es ist jedoch von großer Bedeutung, dass Inhalte und Methoden der Ganztagsangebote sowie Maßnahmen zur (individuellen) Förderung der Schülerinnen und Schüler auf den Unterricht abgestimmt werden und Ganztagsangebote künftig in höherem Maße auf die Bedarfe des Unterrichts reagieren bzw. auch Rückwirkungen auf den Unterricht haben (vgl. Fischer u. a., 2011, S. 76). Eine Verzahnung bietet sich aber gerade im (gebundenen) Ganztag an, da sich **alle** Schülerinnen und Schüler den ganzen Tag an der Schule aufhalten (vgl. Haenisch, 2009). Das Beispiel für die Tagesstruktur an einer gebundenen Ganztagsschule macht deutlich, dass sich neben den Blöcken des Fachunterrichts außerunterrichtliche Angebote einbinden lassen:

07:00		Betreuung vor Schulbeginn/gleitender Anfang
08:00	Block I	Offener Anfang, Morgenkreis Fachunterricht als gelenkte Lern- und Arbeitszeit
09:00 10:00 11:00	Block II	Frühstück und aktive Spielpause Teils gelenkte, teils differenzierte Lern- und Arbeitszeit Bewegungs- und aktive Spielpause
12:00	Block III	Differenzierte Lern- und Arbeitszeit, musischer Unterricht AGs, Hausaufgabenhilfe/Arbeitsstunde
13:00		Mittagspause Mittagessen und Freizeit: Spiel, Bewegung, Entspannung
14:00 15.00 16:00	Block IV	Fachunterricht in gelenkter und differenzierter Form Arbeit in Gruppen, AGs, Projekte, Werkstattarbeit, Erkundungen
17:00 18:00		Spätbetreuung

Abbildung 27: Beispiel für die Tagesstruktur an einer gebundenen Ganztagsschule (Holtappels, 2007)

Inhaltliche und methodische Verzahnung

Die Verzahnung ist sowohl auf inhaltlicher als auch methodischer Ebene sinnvoll und kann den Lernprozess nachhaltig unterstützen, wenn dabei einige grundlegende Aspekte beachtet werden:

- Ist das außerunterrichtliche Angebot mit dem Unterricht abgestimmt?
- Ist eine konzeptionelle Verknüpfung von Unterricht und anderen Elementen des Ganztagsbetriebs verankert?
- Werden inhaltliche Themen aus Lehrplan, Fachunterricht, Projekten und weiteren außerunterrichtlichen Angeboten verknüpft?
- Sind die Verzahnungen ein verbindliches Element der Entwicklungsplanung im Schulprogramm?

Um eine Verzahnung sinnvoll zu gestalten, sollten Inhalte aus den außerunterrichtlichen Angeboten im Fachunterricht aufgegriffen werden. Beispielhaft könnte dafür eine Arbeitsgemeinschaft zum Thema „Agenda 21“ sein, in der sich Schülerinnen und Schüler mit dem entwicklungs- und umweltpolitisches Aktionsprogramm zur nachhaltigen Entwicklung beschäftigen. Dabei können sie u. a. Strategien zur Müllvermeidung bzw. -trennung für die Schule entwickeln oder eine Schülerfirma gründen, in der fair gehandelte Produkte verkauft werden. Inhaltliche Verzahnungen sind z. B. zu gesellschaftswissenschaftlichen (Politik, Geschichte, Sozialkunde, Geografie) und naturwissenschaftlichen (Biologie, Chemie, Physik) Fächern, aber auch zum Mathematikunterricht denkbar.

Beispiel für eine Verzahnung zwischen dem Fachunterricht und einer AG „Agenda 21“: Während in der AG z. B. fair gehandelte Produkte wie Kaffee oder T-Shirts über eine Schülerfirma vertrieben werden, können im Rahmen des Geografieunterrichts die Herkunft der Produkte, die Klima- sowie die Arbeitsbedingungen des jeweiligen Landes thematisiert werden.

Ziel der Verzahnung

Die Realisierung von außerunterrichtlichen Angeboten und Verzahnungsbestrebungen mit dem Fachunterricht beziehen sich sowohl auf die äußere-, Binnen- bzw. innere als auch auf die individuelle Rhythmisierung. Es geht dabei einerseits um die organisatorische Einplanung des außerunterrichtlichen Angebotes in den Wochenablauf wie z. B. einer „AG Agenda 21“ *(äußere Rhythmisierung auf der Schulebene).* Andererseits gilt es das Angebot so zu gestalten, dass der oder die (Kurs-)Anbietende das didaktische und methodische Konzept so wählt, dass die Möglichkeiten optimal ausgeschöpft werden, die sich im Rahmen eines entsprechenden Zeitfensters bieten *(Binnen- oder innere Rhythmisierung auf Unterrichtsebene).* Außerdem zielt das außerunterrichtliche Angebot darauf, einzelne Schülerinnen und Schüler individuell optimal zu fördern, wobei die individuellen Lernvoraussetzungen, individuelle Lernstrategien sowie die individuelle Zusammenarbeit des/der Einzelnen mit den Mitschülerinnen und Mitschülern optimal berücksichtigt werden sollen *(individuelle Rhythmisierung).*

Erfordernisse

Um eine enge Verzahnung zwischen Unterricht und außerunterrichtlichen Angeboten zu gewährleisten, muss den Lehrkräften das Angebot bekannt sein, aber umgekehrt sollten die außerschulischen Partner auch Einblicke in den Unterricht erhalten, was im Schulalltag nur selten gewährleistet werden kann (u. a. weil diese zusätzliche Zeit nicht entlohnt wird). Wenn bereits ein Angebot besteht, könnten erste Schritte zu einer erfolgreichen Verknüpfung die Sondierung der Palette der außerunterrichtlichen Angebote an der Schule sein, um mögliche Anknüpfungspunkte zu finden. Anschließend muss der Kontakt zwischen der (Fach-)Lehrkraft und dem Anbietenden hergestellt werden, um Überschneidungsbereiche zu eruieren. Wenn dies geschehen ist, sollten abschließend verbindliche schriftliche Absprachen (auch mit der Schulleitung) getroffen werden, um auch mittelfristig eine Institutionalisierung solcher Kooperationen zu gewährleisten, die trotz wechselnder Personen beibehalten werden kann.

Verzahnung an einer Offenen Ganztagsschule

Eine Verzahnung mit dem Unterricht ist mit einigen Einschränkungen auch an einer offenen Ganztagsschule möglich. Die Problematik der Durchführung ist an einer offenen Ganztagsschule aber noch deutlicher zu erkennen.

Gerade wenn man sich die Tagesstruktur einer offenen Ganztagsschule und die Teilnahme der jeweiligen Schülergruppe vor Augen hält, wird deutlich, dass außerunterrichtliche Angebote zwar noch immer zu mehreren Zeitpunkten in der Tagesstruktur denkbar sind (vor dem eigentlichen Unterrichtsbeginn, in und ab der Mittagspause), aber sich nicht alle Schülerinnen und Schülern zu den genannten Zeitpunkten in der Schule aufhalten (vgl. Abbildung 28).

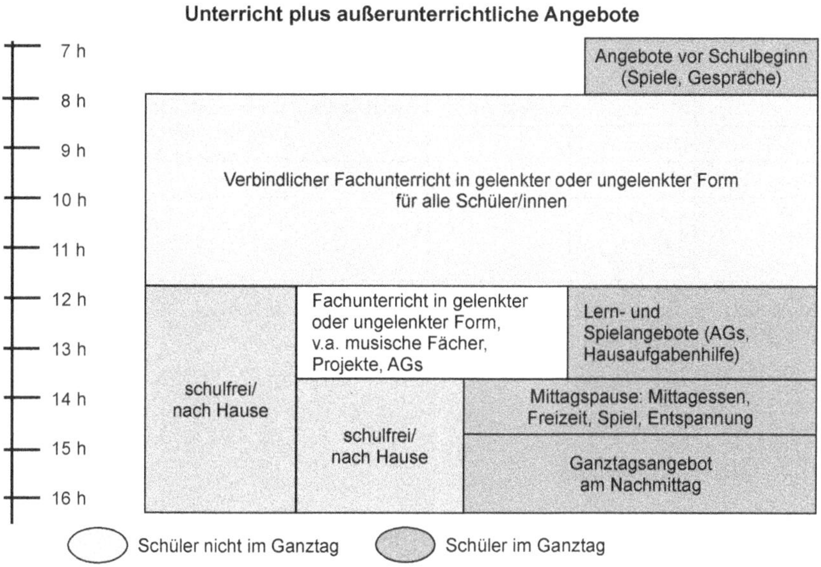

Abbildung 28: Tagesstruktur einer offenen Ganztagsschule (Holtappels 2003, in: Höhmann et al., 2005, S. 25)

Die Schülerschaft lässt sich – im Gegensatz zu einer gebundenen Ganztagsschule – in mindestens vier verschiedene Schülergruppen einteilen (vgl. Abbildung 29 auf Seite 170). Das bedeutet nicht nur, dass es schwieriger ist ein Gemeinschaftsgefühl und zielgerichtete Förderung aufzubauen, da sich die Schülerinnen und Schüler vermehrt in wechselnden Gruppen bewegen, sondern auch, dass eine Verzahnung mit dem Unterricht nur einem geringen Teil der Schülerinnen und Schüler zugute kommt. Grund dafür ist die Zweiteilung des Tages in vormittäglichen Unterricht und die nachmittäglichen Betreuungsangebote, so dass die Nutzung der vielfältigen Angebote den Schülerinnen und

Schülern vorbehalten bleiben, die ein Maximum der ganztägigen Angebote in Anspruch nehmen können.[7] Als nachteilig für die Kooperation hat sich darüber hinaus herausgestellt, dass an offenen Ganztagsschulen das Personal häufiger wechselt und somit keine Personenkontinuität für die Schülerinnen und Schüler in den Angeboten besteht (vgl. http://www.ganztaegig-lernen.de/).

<table>
<tr><th colspan="2">Offene Ganztagsschule</th><th>Schülergruppe 1</th><th>Schülergruppe 2</th><th>Schülergruppe 3</th><th>Schülergruppe 4</th></tr>
<tr><td>Vormittag</td><td>Unterricht</td><td>Nehmen nur am Unterricht vormittags teil.</td><td rowspan="2">Nehmen am Unterricht und Mittagessen teil.</td><td rowspan="3">Nehmen am Unterricht, am Mittagessen und der Hausaufgabenbetreuung teil.</td><td rowspan="4">Nehmen am Unterricht, am Mittagessen, der Hausaufgabenbetreuung und an den AG-Angeboten teil.</td></tr>
<tr><td>Mittagszeit</td><td>Mittagessen</td><td rowspan="3"></td></tr>
<tr><td>Nachmittag</td><td>Hausaufgaben</td><td rowspan="2"></td></tr>
<tr><td></td><td>AG-Angebote, Freizeitangebote</td><td></td></tr>
</table>

Abbildung 29: Schülergruppen an einer offenen Ganztagsschule (Höhmann et al., 2005, S. 26)

5.7 Raumangebot

Nicht nur im Zuge des Aufbaus von Ganztagsschulen, sondern für Schulen allgemein hängt der Erfolg von Schule in einem hohen Maße mit einer adäquaten Raum- und Schularchitektur zusammen. Aus diesem Grund sollte das Ambiente ganzheitlich durchdacht und funktional wie auch ästhetisch ansprechend sein. Die Schaffung anregender Umgebungen des Lernens und Lebens für Schülerinnen und Schüler – ebenso wie auch für Lehrkräfte – ist unabdingbar. Ein wesentlicher Schritt ist dabei die (räumliche) Umgestaltung von Schule und lokaler Umgebung im Sinn der Schaffung von Gelegenheitsstrukturen zur selbstständigen Aneignung durch informelles Lernen jenseits der curricular geplanten Bildungsangebote.

7 Dabei haben Untersuchungen gezeigt, dass heterogene Gruppen aus lernstarken und lernschwächeren Schülerinnen und Schülern unter professioneller Leitung zu Leistungssteigerungen und einem ausgewogenen Sozialklima führen.

Unterscheidung der Bereiche

In der Regel können an der Schule zehn räumliche Bereiche unterschieden werden (angelehnt an Appel, 2009):

- Unterrichtsbereich
- Verpflegungsbereich
- Begegnungsbereich
- Rückzugsbereich
- Medienbereich und Schülerbibliothek
- Bewegungsspielbereich
- Sozialerfahrungsbereich
- Musisch-technische Bereiche
- Arbeits-/Begegnungsbereiche für Lehrkräfte
- Sanitäre Anlagen

Offensichtlich ist, dass nicht alle Bereiche für außerunterrichtliche Angebote zur Verfügung stehen. Aber sowohl für die Planung in der gebundenen als auch in der offenen Ganztagsschule stellt sich nun die Frage, welche Räume wie für ein außerunterrichtliches Angebot genutzt werden können.

Ist-Stand-Analyse der nutzbaren Bereiche

In einem ersten Schritt muss die Schule eruieren, welche Räume und Bereiche für außerunterrichtliche Angebote zur Verfügung stehen. Dabei ist zuerst zu unterscheiden, ob es sich um Räume handeln soll, in denen gebundene bzw. ungebundene Angebote gemacht werden, da sie sich in der Ausstattung, aber auch der Aufsicht unterscheiden. Neben den Klassenräumen und der Sporthalle, in denen zur Angebotszeit wie z. B. in der Mittagspause kein (Fach-)Unterricht stattfindet, können für die gebundenen Angebote auch andere Bereiche zur Verfügung stehen. So können Bewegungs- und Spielbereiche, aber auch musisch-technische Bereiche oder eine Bibliothek je nach Bedarf angemessene Orte für lukrative Angebote sein.

Begegnungsbereiche und Rückzugsmöglichkeiten

Für die ungebundenen Angebote eignen sich eher Begegnungsbereiche wie eine Schulmensa oder Aufenthaltsräume. Insbesondere Ganztagsschulen sind angehalten für ihre Schülerinnen und Schüler eine Lebenswelt zu schaffen, in der zwischenmenschliche Beziehungen aufgebaut und gepflegt werden können. Auch wenn dies in vielfältigen Bereichen möglich ist, müssen zusätzlich ausgewiesene Begegnungsbereiche bereitgestellt werden, die in einem kind- bzw. jugendgerechten Ambiente gemeinschaftliche Freizeitaktivitäten ermöglichen und zu einem kommunikativen Zusammentreffen beitragen. Dazu können z. B. eine Cafeteria, ein Clubraum zum Tanzen und Musikhören, eine Spielothek, Sitzgruppen und Bänke dienen. Nicht immer stehen den Schulen dazu finanzielle Mittel zur Verfügung. Deshalb sollte bei Neuerungen auch auf die Unterstützung von Eltern, aber auch auf außerschulische Partner zurückgegriffen werden.

„In einer Projektwoche ging es um die Gestaltung einiger Räume an unserer Schule. Dabei konnten wir planen und mitentscheiden, wie ein Aufenthaltsraum gestaltet werden sollte. Anschließend haben wir ihn gestrichen und mit ein paar gespendeten Möbeln eingerichtet."

(Schülerin, Klasse 9)

Aber nicht nur zur Begegnung, zum Austausch oder für Aktivitäten in der Gruppe, sondern auch als Rückzugsmöglichkeit sind Räume für Schülerinnen und Schüler (ebenso wie Arbeits- und Begegnungsbereiche für Lehrkräfte) zu schaffen. Vor dem Hintergrund der längeren Zeit, die die Schülerinnen und Schüler an der Ganztagsschule verbringen, aber auch im Sinne einer individuellen Rhythmisierung, die zu berücksichtigen ist, sind Nischen zum Alleinsein notwendig. Dies können sogenannte „Snoozle-Räume" und Ruheräume mit gedämpftem Licht und einer gemütlichen Ausstattung im Gebäude, aber auch Flächen außerhalb des Gebäudes sein.

Räume mehrfach nutzen

Einige Ganztagsschulen stehen vor der Herausforderung, ihre neue Konzeption in Halbtagsschulgebäuden umzusetzen bzw. Zwischenlösungen zu finden. Beengte Raumsituationen und eine – vor dem Hintergrund der Schule als Lebensraum – (noch) wenig auf die (Freizeit-)Bedürfnisse der Kinder ausgerichtete

Architektur erfordern kreative Lösungen für die Umsetzung innovativer Ganztagsideen. In Ganztagsschulen arbeitende Akteure sind daher angehalten, die ihnen zur Verfügung stehenden Räume effizient und flexibel zu verwenden. Dies kann z. B. dadurch gewährleistet werden, dass Räume je nach Bedarf auf mehrfache Weise genutzt werden. Die Mensa beispielsweise kann außerhalb der Mittagszeit als Aufenthaltsraum dienen oder im Nachmittagsbereich in eine Spielothek umfunktioniert werden. Durch bewegliche Möbel, Regale und/oder Raumteiler kann die Raumgröße dabei den unterschiedlichen Angeboten und Gruppengrößen angepasst werden.

> „In der AG Ganztagsschule war ein wichtiger Diskussionspunkt, wie und wo die Schüler ihre Zeit u.a. für die außerunterrichtlichen Angebote verbringen sollten. Dabei haben wir die Hilfe einiger Eltern in Anspruch genommen, die Ideen zur Neustrukturierung einbringen konnten. So haben wir uns nach und nach von starren Elementen getrennt und die Räume und Ausstattung immer flexibler miteinander kombiniert."
>
> (Schulleiter)

Räume der außerschulischen Partner

Gegebenenfalls ist es aber auch möglich naheliegende Räume eines außerschulischen Partners (ein lokaler Radiosender oder die Lokalzeitung) zu nutzen, da dieser z. B. über eine bessere Medienausstattung verfügt. Die Studie zur Entwicklung von Ganztagsschulen (StEG) ergab, dass 60 Prozent der Angebote auf dem Schulgelände stattfinden. Außerschulische Lernorte wurden bis 2008 im Ganztagsunterricht bei regelmäßigen Angeboten nur mäßig genutzt (Holtappels, Klieme et al., 2008, S. 100 f.). Ein Kriterium für die Auswahl der Partner kann also auch die räumliche Nähe und ggf. das Angebot eigener Bereiche sein, um die Schule an dieser Stelle zu entlasten.

5.8 Organisation der Angebote

Neben der Raumauswahl und -verteilung muss letztlich noch geklärt werden, wie die Angebote organisiert werden. Um ein breites Angebot an außerunterrichtlichen und erweiterten Lerngelegenheiten gestalten zu können, helfen für die Angebotskonzeptionierung und -planung den Schulen folgende Fragen (vgl. Holtappels, 2003):

- Wie wird die **Angebotsplanung** gestaltet? Gilt das Nachfrageprinzip? Gibt es eine Angebotsorientierung und eine pädagogische Konzeption für die Angebotspalette?
- Wie wird die **Kontinuität** der Angebote geregelt? Sind es a) singuläre/einmalige Angebote, b) periodische/regelmäßige Angebote oder c) konsekutive/aufbauende Angebote?
- Wie verläuft die **gruppenbezogene Organisation**? Ist das Angebot a) klassenübergreifend innerhalb einer Jahrgangsstufe oder b) jahrgangsübergreifend?
- Wer ist das **durchführende Personal**? Sind es a) Lehrkräfte, b) sozialpädagogische Fachkräfte (weiteres pädagogisch tätiges Personal) oder c) außerschulische Partner (Eltern, Studenten, Vereine)?
- Welche **Angebots- bzw. Wahlintervalle** werden angeboten? Hat das Angebot a) eine kurzfristige Angebotsdauer, b) einen Vierteljahres-Turnus, c) einen Halbjahres-Turnus oder d) einen Jahresturnus?
- Wie wird die **Belegungsform und Verbindlichkeit** geregelt? Gibt es a) die freie Wahl, b) einen Mix aus frei wählbaren und verbindlichen AGs oder c) einen Angebotskanon mit Menüwahl?

Dokumentation der Teilnahme

Die Teilnahme an außerunterrichtlichen – insbesondere gebundenen – Angeboten sollte darüber hinaus sowohl für die Schule als auch für die Schülerinnen und Schüler dokumentiert werden. Die Dokumentation der Teilnahme an außerunterrichtlichen Angeboten ist z. B. in einem Portfolio o. ä. möglich, in dem die Schülerinnen und Schüler ferner auch ihre Ergebnisse aus dem Fachunterricht, aus Projekten und weiteren Bereichen zusammentragen, dokumentieren und evaluieren.

> „Am Ende des Schuljahres haben wir nicht nur ein Zeugnis, sondern auch eine Bestätigung über alle AGs bekommen, an denen ich teilgenommen habe. Weil ich an der AG „Schulsanitätsdienst" teilgenommen habe, habe ich auch eine Bescheinigung über einen Erste Hilfe-Kurs bekommen. Im nächsten Schuljahr mache ich da auf jeden Fall weiter!"
>
> (Schüler, Klasse 8)

5.9 Zusammenfassung

Es ist deutlich geworden, dass auch die Planung und Gestaltung außerunterrichtlicher Angebote ein eigener ausdifferenzierter Aufgabenbereich an Ganztagsschulen darstellt. Dieser beinhaltet nicht nur die o.g. organisatorischen und kooperativen Seiten, sondern eröffnet auch die Chance die Bildungsqualität der ganzen Schule nachhaltig zu erhöhen.

Deshalb muss abschließend betont werden, dass bezogen auf die zeitliche und organisatorische Strukturierung neben dem Unterricht der Fokus auch auf professionelle Ausgestaltung der unterrichtsfreien Tageszeit an der Ganztagsschule gelegt werden muss. Das bezieht sich einerseits auf die *äußere Rhythmisierung* auf der Schulebene und somit auf grundlegende pädagogische Entscheidungen wie die Einteilung des Tages in unterrichtliche und außerunterrichtliche Blöcke und Pausen, die Dauer der Blöcke bzw. das Minutenmodelle oder die Setzung von Entspannungsphasen im Tagesablauf. Andererseits ist – ebenso wie im Unterricht – die *innere Rhythmisierung* sowohl auf der inhaltlichen (pädagogische Intention) als auch der organisatorischen Ebene (personelle Besetzung etc.) zu bedenken (vgl. Kapitel 1.3).

6. Fazit und Schlussfolgerungen

Viele Anstrengungen und Entwicklungsprozesse, die in der Ganztagsschule unternommen werden, laufen unter dem Label „Rhythmisierung". Kern der Diskussion ist hierbei der Umgang mit Zeit und die Entwicklung der Lernkultur. Ziel des vorliegenden Bandes war es, den Begriff Rhythmisierung zu entmystifizieren, ihn zu erfassen, die verschiedenen Bereiche in ihrem Facettenreichtum darzustellen, einzuordnen und an die Praxis anzudocken, indem er theoretisch hergeleitet, in ein Ebenenmodell aufgenommen und in der Ganztagsschulentwicklung verortet wird. Dabei wurden die unterschiedlichsten schulentwicklungsrelevanten Tätigkeitsfelder aufgezeigt, unterstützende Hinweise gegeben und exemplarische Beispiele abgebildet. Der Fokus lag dabei auf den pädagogischen und organisatorischen Konsequenzen für den Unterricht und die weiteren Förderarrangements im Zusammenhang mit dem Fachunterricht und außerunterrichtlichen Angeboten. Bei allem Gesagten bzw. Geschriebenen gilt jedoch der Satz des österreichischen Philosophen Heinz von Foerster: *„Der Hörer, nicht der Sprecher, bestimmt die Bedeutung einer Aussage."*

Es wurde eingangs verdeutlicht, dass „Rhythmisierung" häufig in reformpädagogischem Sinne verwendet wird (vgl. Kolbe et al., 2006). Rhythmisierung und damit zusammenhängende Aspekte werden vielfach als „natürlich" angenommen und interpretiert und als normativ für pädagogisches Handeln dargestellt. Unterstützende Argumente werden eingesetzt, die sich auf Aspekte des physiologischen Leistungskurvenverlaufs beziehen, bei dem von einer identischen Abfolge für alle Menschen bzw. Kinder und Jugendliche ausgegangen wird. In pädagogischen Zusammenhängen ist der Leistungskurvenverlauf jedoch ein wenig erforschtes Feld. Verfügbare Erkenntnisse stammen überwiegend aus dem medizinischen Bereich. Nach wie vor werden Ganztagsschulen jedoch entsprechend diesen Annahmen organisatorisch geplant und ausgerichtet. Mit dem Begriff „Rhythmisierung" verbindet sich folglich die Kritik, dass sich die (deutsche) Schule nicht am Kind bzw. Jugendlichen orientiert, sondern an einer formellen Bildung für Schülerinnen und Schüler. Der Rhythmisierungsbegriff impliziert ein pädagogisches und inhaltliches Gegenmodell. Und genau hier liegt die Chance der Ganztagsschule und ihrer Rhythmisierungsdebatte. Ausschlaggebend ist die Frage, wie Schule ihren Bildungs- und Erziehungsauftrag erfüllt, wie gelernt werden soll und die Schülerinnen und Schüler Lernziele erreichen.

Entscheidend ist dabei zu fragen, welche Zeit die Schülerinnen und Schüler in der Schule verbringen und wie sie diese Zeit verbringen. Ganztagsschulen bieten die Gelegenheit über den Unterricht hinaus – insbesondere im Rahmen außerunterrichtlicher Angebote – Gemeinschaft und soziales Lernen zu fördern und somit Kompetenzen zu erwerben, zu festigen und soziale Beziehungen zu pflegen. Dieser Entwicklungsschwerpunkt kann von jeder Schule gelegt werden. Im Hinblick auf die Realisierung bzw. die Offerte und Nutzung außerunterrichtlicher Angebote stellt sich ein zeitliches Problem, vor allen in Gymnasien aufgrund der Stundentafel. Haben doch bereits 10- bis 12-jährige häufig eine Wochenstundenanzahl von 30 bis 34 Unterrichtsstunden (je nach Bundesland) zu bewältigen. In den höheren Jahrgangsstufen nimmt die Anzahl zu, wobei für außerunterrichtliche Angebote folglich kein Raum bzw. keine Zeit bleibt.

Die (zeitliche und organisatorische) Strukturierung und inhaltliche Ausgestaltung des Lernens stellt die Kernaufgabe der Ganztagsschule dar! Dafür sind Diskussions- und Reflexionsprozesse in der einzelnen Schule erforderlich. Andreas Helmke hat mit seiner Methode der sieben Gs beschrieben, wie Schule auch heute noch teilweise aussieht: Der gleiche Lehrer unterrichtet alle gleichaltrigen Schüler im gleichen Tempo mit dem gleichen Material im gleichen Raum mit den gleichen Methoden und dem gleichen Ziel. Basierend auf diesen Aussagen und einer damit verbundenen Reflexion können erste Entwicklungsschritte initiiert werden. Die Diskussion um Zeitstrukturierungsmodelle und ihre Folgen trägt dazu bei, dieses Bild des Lernens zu verändern.

Das System Schule wird derzeit nachhaltig durch die Rhythmisierungsdebatte und ihre Folgen reformiert. „Zeitstrukturierungsmodelle" bzw. „eine zeitlich strukturierten Tagesplanung" (vgl. Kolbe et al., 2006, S. 38) als begriffliche Grundlage zu verwenden, vereinfacht die Diskussion und erleichtert Entwicklungsprozesse, wenn es um die Frage der Strukturierung des Lernens geht, denn wie Schülerinnen und Schüler gebildet werden, so werden sie sich auch verändern. Es sind größere zusammenhängende Lernzeiten zu planen, unterschiedliche Arbeitsformen für die Lernenden zu berücksichtigen, abwechslungsreiche außerunterrichtliche Angebote (mit den unterschiedlichen externen Partnern) einzubinden und Binnendifferenzierung durch adaptives Lernen zu beachten. Lernen zu strukturieren kann außerdem anhand weiterer Faktoren realisiert werden. Über Personalkooperation: Teams, die zuständig sind für eine Lerngruppe, ob als Jahrgangsteams oder als Team aus einer Lehrkraft und einer Kraft des weiteren pädagogisch tätigen Personals, aber auch Teams, in denen Lehrkräfte mit Eltern und außerschulischen Partner kooperieren, können entscheiden, wie der Unterricht bzw. der Tag gestaltet wird. Es muss jedoch auch berücksichtigt werden, dass veränderte Zeitstrukturen eine veränderte Arbeitsorganisation im Hinblick auf das Stundendeputat der Lehrkräfte erforderlich machen. An manchen Schulen, wie es an bekannten Reformschulen beobachtet werden kann, steht die Entscheidung für didaktische Formen des Lernens vor der Entscheidung für bestimmte zeitliche Strukturierungen. Inhalt steht also vor der Organisation. Vielfach ist jedoch zu beobachten, dass der Fokus bei Schulentwicklungsprozessen in Ganztagsschulen vorerst auf die formale Arbeitsorganisation und die Abwicklung der Angebote des Ganztags gelegt wird. Erst in einem späteren Schritt erfolgt eine Orientierung auf pädagogische Aspekte und eine Fokussierung auf damit verbundene Ziele. Die Frage der zeitlichen Strukturierung des Tagesablaufes hängt demzufolge eng mit pädagogischen, aber auch organisatorischen Fragen zusammen.

Außerdem gilt es die Schulform zu berücksichtigen. Die über den Unterricht hinausgehende nunmehr zusätzliche Zeit in Ganztagsschulen ist je nach Schulform und Alterskohorte für die Schülerinnen und Schüler in unterschiedlichem Maße vorhanden. In Grundschulen bieten sich aufgrund der Stundentafel vielfältige Möglichkeiten den Ganztag mit außerunterrichtlichen Angeboten pädagogisch sinnvoll zu ergänzen. In Sekundarschulen, aber vor allem in Gymnasien, zeigen sich aufgrund der Anforderungen der Stundentafel (spätestens ab dem 7. Jahrgang) nur eingeschränkt Gelegenheiten dafür. Mit dem insgesamt höheren Zeitumfang in Ganztagsschulen erwachsen jedoch Vorteile für eine flexiblere Organisation der Lernprozesse insgesamt. Organisatorische Schwierigkeiten ergeben sich hingegen vor allem aufgrund der Tatsache, dass nicht in allen Schulen alle Schülerinnen und Schüler am Ganztagsgeschehen durchgängig teilnehmen (vgl. Offener Ganztag). In diesem Zusammenhang erscheint der Vorschlag der Forschungsgruppe der Studie zur Entwicklung von Ganztagsschulen (StEG), nunmehr von Ganztagsschulen in „verbindlicher Form“ im Gegensatz zu Ganztagsschulen in „unverbindlicher Form“ zu sprechen, eine in vieler Hinsicht vereinfachende und logische Begriffsbestimmung zu sein.

Im Hinblick auf die zeitlichen Einteilungen in der Ganztagsschule stellen die Schulebene, die Unterrichtsebene bzw. die Ebene der außerunterrichtlichen Angebote und die Schülerebene die basalen Strukturebenen dar. Veränderungen sind somit gefordert hinsichtlich der Schulorganisation (z. B. eine Veränderung der Taktung, der Umgang mit Fächerstrukturen), der Lernorganisation (wie etwa einer Veränderung der Bewertung-, Benotungs- und Feedbackpraxis) und der Personalorganisation (z. B. Aspekte wie Verständnis der Lehrerrolle oder veränderte Arbeits- und Anwesenheitszeit).

Im Hinblick auf seine populäre und gemeinverständliche Art der Nutzung, soll an dieser Stelle der Begriff „Rhythmisierung“ abschließend noch einmal verwendet werden: *Rhythmisieren* kann heißen zu differenzieren (z. B. auf der Unterrichtsebene), zu kooperieren (z. B. im Zuge von außerunterrichtlichen Angeboten wie AGs), Teamarbeit zu fördern, aber auch loszulassen von etablierten Konzepten. Am Anfang bedeutet *Rhythmisieren* vor allem zu strukturieren, aber *Rhythmisieren* ist eben mehr als das. Rhythmisieren bleibt ein Prozess, der von größeren Rhythmen und dem individuellen Rhythmus des einzelnen Schülers und der einzelnen Schülerin, aber auch dem System Schule als lernende Organisation beeinflusst wird. „Rhythmisierung“ stellt die Klammer bzw. das allumfassende und durchziehende Band einer gelingenden Ganztagsschule, aber auch deren Ausgangspunkt dar.

Auf der Basis der in diesem Buch vorgestellten Gliederungen, theoretischen Ableitungen, empirischen Ergebnisse, Anregungen, Bedingungen für ein Gelingen und Beispiele sind die Schulen nun gefordert, ihren Weg und derzeitgen Stand in der Ganztagsschulentwicklung zu definieren. Es gilt den Ist-Stand zu beschreiben, Ziele zu klären und Schwerpunkte zu setzen, (Teil-)Konzepte zu erarbeiten und dafür Arbeitsformen und Organisationsbedingungen zu entwicklen sowie Evaluierungsschritte einzuplanen. Letztendlich geht es darum zu fragen, wie für Schülerinnen und Schüler die besten Voraussetzungen für das Lernen geschaffen werden können.

Literatur

Appel, S. (2004): Handbuch Ganztagsschule. Konzeption, Einrichtung und Organisation. Schwalbach/Ts.

Appel, S. (2009): Ganztagsschulspezifische Räume und Ausstattung. In: I. Kamski/H. G. Holtappels/T. Schnetzer (Hrsg.): Qualität von Ganztagsschule. Konzepte und Orientierungen für die Praxis. Münster, S. 123-131.

Behr-Heintze, A./Lipski, J. (2004): Schule und soziale Netzwerke. Zentrale Befunde und Empfehlungen – Eine Zusammenfassung des Schlussberichtes. http://cgi.dji.de/bibs/147_3286_zusa_schluss.pdf (30.07.2013).

Bettmer, F. (2009): Partizipation von Schülern und Eltern. In: I. Kamski/H. G. Holtappels/T. Schnetzer (Hrsg.): Qualität von Ganztagsschule. Konzepte und Orientierungen für die Praxis, Münster, S. 144-153.

Bönsch, M. (2012): Pädagogik in der Schule in schwierigen Zeiten. SozialarbeiterInnen und LehrerInnen zusammen schaffen das! DDS Zeitschrift der Gewerkschaft Erziehung und Wissenschaft, Landesverband Bayern, S. 9-11.

Brügelmann, H. (1999): Merkmale „guter Schule": eine empirische Perspektive. In: H. Brügelmann (Hrsg.): Was leisten unsere Schulen? Zur Qualität und Evaluation von Unterricht. Seelze-Velbert, S. 111-113.

Brümmer, F./Rollett, W./Fischer, N. (2011): Prozessqualität der Ganztagsangebote aus Schülersicht. Zusammenhänge mit Angebots- und Schulmerkmalen. In: N. Fischer/H. G. Holtappels/E. Klieme/T. Rauschenbach/L. Stecher/I. Züchner (Hrsg.): Ganztagsschule: Entwicklung, Qualität, Wirkungen. Längsschnittliche Befunde der Studie zur Entwicklung von Ganztagsschulen (StEG). Weinheim, S. 162-186.

Burk, K. H. (2005): Zeitstrukturmodelle. In: K. Höhmann/H.G. Holtappels/I. Kamski/T. Schnetzer (Hrsg.): Entwicklung und Organisation von Ganztagsschule. Anregungen, Konzepte, Praxisbeispiel. Dortmund, S. 66-72.

Burk, K. H. (2006): Mehr Zeit in der Schule – der Rhythmus macht's. In: Höhmann, K./Holtappels, H.G. (Hrsg.): Ganztagsschule gestalten. Konzeption. Praxis. Impulse. Seelze, S. 92-104.

Busse, S./Helsper, W. (2008): Schule und Familie. In: Helsper, W./Busse, S. (Hrsg.): Handbuch der Schulforschung. Wiesbaden, S. 469-494.

Cotton, K./Wikelund, K. R. (2001): Parent involvement in education. School Improvement Research Series. Portland, OR.

Deckart-Peaceman, H. (2007): Haus-Aufgabe in der Schule? Ganztagsschule als Lösung des Hausaufgabenproblems? Lernende Schule, 39, S. 18-19.

Deinet, (2003): Deutscher Leichtathletik-Verband (Hrsg.) (2010): Ganztagsförderung – Der organisierte Sport im außerunterrichtlichen Sportangebot der Schule (2.). Darmstadt.

Dirkmann, Karl-Heinz (2008): Rhythmisierung in der Ganztagsschule. http://www.niedersachsen.ganztaegig-lernen.de/Niedersachsen/home.aspx (15.11.2013)

Ditton, H. (2000): Qualitätskontrolle und Qualitätssicherung in Schule und Unterricht. Ein Überblick zum Stand der empirischen Forschung. Zeitschrift für Pädagogik, 41 (Beiheft), S. 73-92.

Eccles, J. S./Harold, R. (1996): Family involvement in children's and adolescents' schooling. In: J. D. A. Booth (Ed.): Family-school links: How do they affect educational outcomes. Hillsdale, NJ.

Epstein, J. L./Sanders, M. G./Simon, B. S./Salinas, K. C./Jansorn, N. R./Van Voorhis, F. L. (Hrsg.). (2002): School, family, and community partnerships. Your handbook for action (2nd ed.).

Edmonds, R. (1979): Effective schools for the urban poor. Educational leadership, 37 (1), S. 15-24.

Fend, H (1986): Gute Schulen – schlechte Schulen. Die einzelne Schule als pädagogische Handlungseinheit. In: Die Deutsche Schule 78 (3), S. 275-293.

Fischer, N./Holtappels, H. G. (Hrsg.) (2011): Ganztagsschule: Entwicklung, Qualität, Wirkungen. Längsschnittliche Befunde der Studie zur Entwicklung von Ganztagsschulen (StEG). Weinheim/Basel.

Fullan, M. (1991): The new meaning of educational change. New York.

Gewerkschaft Erziehung und Wissenschaft (Hrsg.) (2008): Arbeitsplatz Ganztagsschule – pädagogisch wertvoll. Frankfurt/M.

Gängler, H./Markert, T. (2010): Ganztagsschule ohne Hausaufgaben?! In: Haag, L./Jäger, R. S. (Hrsg.): Hausaufgabenforschung – neue Akzente – alte Desiderate. Empirische Pädagogik, 24 (1), S. 78-92. Themenheft. Landau.

Grolnick, W. S./Slowiaczek, M. L. (1994): Parents' involvement in Institut for children's schooling: A multidimensional conceptualization and motivational model. Child Development, 65, S. 237-252.

Haenisch, H. (2011): Gebundene Ganztagsschule – Ansätze zur Gestaltung. Eine qualitative Studie zu ersten Erfahrungen in gebundenen Ganztagsrealschulen und -gymnasien. Münster. www.nrw.ganztaegig-lernen.de/sites/default/files/GanzTag_2011_19.pdf [29.11.2013].

Haenisch, H. (2009): Verzahnung zwischen Unterricht und außerunterrichtlichen Angeboten im offenen Ganztag. Münster. Verfügbar unter: http://www.ganztaegig-lernen.de/media/Aktuell/Heft_11_-_Verzahnung.pdf [25.7.2012].

Henze, G. (1978): Das Konzept der Hausaufgabenintegration im Effektivitätsvergleich mit der traditionellen Hausaufgabenpraxis. In: Niedersächsisches Kultusministerium (Hrsg.): Schulversuche und Schulreform. Band 16. Hausaufgaben – empirisch untersucht. Ergebnisse aus dem Schulversuch Ganztagsschule. Hannover/Berlin/Darmstadt/Dortmund, S. 215-161.

Hentig, H. v. (1973): Schule als Erfahrungsraum. Eine Übung im Konkretisieren einer pädagogischen Idee. Stuttgart.

Heyer, P./Preuss-Lausitz, U./Sack, L. (2003): Heterogenität aus Sicht der Schulforschung. Einführung in Teil II. In: Heyer, P./Sack, L./Preuss-Lausitz, U. (Hrsg.): Länger gemeinsam lernen. Positionen – Forschungsergebnisse – Beispiele. Frankfurt/M., S. 57-59.

Höhmann, K./Holtappels, H. G. (2006): Ganztagsschule gestalten. Konzepte. Praxis. Impulse. Seelze-Velber.

Höhmann, K./Kamski, I./Schnetzer, T. (2005): Was ist eigentlich eine Ganztagsschule? Eine Informationsbroschüre für Eltern und Interessierte mit DVD. Werkstatt „Entwicklung und Organisation von Ganztagsschulen". http://www.dkjs.de/uploads/tx_spdkjspublications/Themenheft_6.pdf (23.07.2013).

Holtappels, H. G. (1994): Ganztagsschule und Schulöffnung. Perspektiven für die Schulentwicklung. Weinheim.

Holtappels, H. G. (2003): Schulqualität durch Schulentwicklung und Evaluation. Konzepte. Forschungsbefunde. Instrumente. München.

Holtappels, H. G. (2005): Ganztagsschulen entwickeln und gestalten – Zielorientierungen und Gestaltungsansätze. In: K. Höhmann/H. G. Holtappels/I. Kamski/T. Schnetzer (Hrsg.): Entwicklung und Organisation von Ganztagsschulen. Anregungen, Konzepte, Praxisbeispiele. Dortmund, S. 7-44.

Holtappels, H. G. (2003). Schulqualität durch Schulentwicklung und Evaluation. München/Unterschleißheim.

Holtappels, H. G. (2007): Pädagogik und Organisation der Ganztagsschule – Chancen für die Entwicklung der Lernkultur. Vortrag auf dem Hamburger Elterntag am 24.05.2007; www.elternkammer-hamburg.de/uploads/media/6-2_Holtappels_Folien_GTS.pdf. Hamburg.

Holtappels, H. G./Klieme, E./Rauschenbach, T./Stecher, L. (2007): Ganztagsschule in Deutschland. Ergebnisse der Ausgangserhebung der „Studie zur Entwicklung von Ganztagsschulen" (StEG). Weinheim/München.

Holtappels, H. G. (2009): Qualitätsmodelle – Theorien und Konzeptionen. In: I. Kamski/H. G. Holtappels/T. Schnetzer (Hrsg.): Qualität von Ganztagsschule. Konzepte und Orientierungen für die Praxis. Münster, S. 11-25.

Kamski, I. (2008b): Mittagessen und Schulhof. In: T. Coelen/H. U. Otto (Hrsg.): Grundbegriffe Ganztagsbildung. Das Handbuch, Wiesbaden, S. 566-575.

Kamski, I. (2008): Hausaufgaben – Schulaufgaben – Lernzeiten. Ein Perspektivenwechsel. In: D. Bosse/I. Mammes/C. Nerowski (Hrsg.): Ganztagsschule. Perspektiven aus Wissenschaft und Praxis. Forum Erziehungswissenschaft und Bildungspraxis. Band 1, S. 93-108. www.opus-bayern.de/uni-bamberg/volltexte/2008/148/ (28.01.2013).

Kamski, I. (2011): Kooperation in der Ganztagsschule. Eine Analyse der Zusammenarbeit von zwei Berufsgruppen am Beispiel von Lehrkräften und Erzieherinnen und Erziehern. Münster/New York/München/Berlin.

Kamski, I./Koltermann, S., Krinecki, J. (2013). 99 Tipps. Ganztagsschule. Cornelsen.

Kaufmann (2007): Individuelle Förderung in ganztägig organisierten Schulformen des Primarbereichs. Deutsches Jugendinstitut (Hrsg.).

Klafki, W./Stöcker, H. (1985): Innere Differenzierung des Unterrichts. In: W. Klafki (Hrsg.): Neue Studien zur Bildungstheorie und Didaktik. Beiträge zur kritischkonstruktiven Didaktik. Weinheim, 5. Aufl., S. 119-154.

Klieme, et al. (2011): Individuelle Förderung und adaptive Lerngelegenheiten in der Grundschule (IGEL). Frankfurt/M.

Klieme, E. (2007): Die Studie zur Entwicklung von Ganztagsschulen (StEG) und ihr theoretisches Rahmenkonzept. 4. Tagung der Sektion „Empirische Bildungsforschung" der Deutschen Gesellschaft für Erziehungswissenschaft (DGfE). Wuppertal.

Kolbe, F. U./Rabenstein, K./Reh, S. (2006): Expertise „Rhythmisierung". Hinweise für die Planung von Fortbildungsmodulen für Moderatoren. In: www.lernkultur-ganztagsschule.de/html/publik_voll.html (25.09.2012).

Kunze, I. C. (2008): Empfehlungen zur Verbesserung der individuellen Förderung in der Schule. In: I. C. Kunze (Hrsg.): Individuelle Förderung in der Sekundarstufe I und II (1. Aufl., S. 309-312). Baltmannsweiler.

Kunze, I. C. (Hrsg.) (2008): Individuelle Förderung in der Sekundarstufe I und II (1. Aufl.). Baltmannsweiler.

Lipowsky, F. (2004): Dauerbrenner Hausaufgaben. Befunde der Forschung und Konsequenzen für den Unterricht. In: Pädagogik, Jg. 56, Heft 12, S. 40-44.

Lohmann, J. (1965): Das Problem der Ganztagsschule. Eine historisch-vergleichende und systematische Untersuchung. Ratingen.

Menke, S. (2009): Qualitätsstandards für Ganztagsschulen – ein Bundesländervergleich. In: I. Kamski/H. G. Holtappels/T. Schnetzer (Hrsg.): Qualität von Ganztagsschule. Konzepte und Orientierungen für die Praxis. Münster, S. 110-122.

Messner, R. (1991): Die Rhythmisierung des Schultages. Erfahrungen und pädagogische Überlegungen zu einem dringlich gewordenen Problem. In: Kubina, Ch./Lambrecht, H.-J. (Hrsg.): Die Ganztagsschule, Bestandsaufnahme – Grundlegung – Perspektiven. Wiesbaden, S. 54-66.

Miller, B. M. (2003): Critical hours: Afterschool programs and educational success. Quincy, MA.

Moore, M./Dynarski, M./Mullens, J./James-Burdumy, S./Rosenberg, L. (2000): Enhancing the 21st century community learning centers evaluation: A concept paper. http://www.mathematica-mpr.com/PDFs/enhancing21.pdf (22.07.2013).

Neuber, N. (2007): Betreuung oder Bildung? Möglichkeiten und Grenzen von Bewegung, Spiel und Sport in der Ganztagsschule. http://www.landrat-lucas.de/infoschriften/ganztag/10_Ganztagsartikel_Neuber.pdf (30.07.2013).

Nilshon, I. (1999): Hausaufgaben und selbstständiges Lernen. Projektheft 1/99. Projekt „Lebenswelten als Lernwelten". Deutsches Jugendinstitut München (Hrsg.).

Nilshon, I. (1995): Schule ohne Hausaufgaben? Eine empirische Studie zu den Auswirkungen der Integration von Hausaufgabenfunktionen in den Unterricht einer Ganztagsschule. Münster/ New York.

Nordt, G. (2013): Lernen und Fördern in der Hausaufgabenpraxis der offenen Ganztagsgrundschule in Nordrhein-Westfalen. Eine auditative Studie aus der Perspektive der pädagogischen Kräfte und der Kinder. Münster.

Prüß, F. (2009): Ganztägige Bildung und ihre Bedeutung für Entwicklungsprozesse. In: F. Prüß/S. Kortas/M. Schöpa (Hrsg.): Die Ganztagsschule: von der Theorie zur Praxis (S. 33-58). Weinheim.

Purkey, S. C./Smith, M. S. (1991): Wirksame Schulen – Ein Überblick über die Ergebnisse der Schulentwicklung in den Vereinigten Staaten. In: K. Aurin (Hrsg.): Gute Schulen – Worauf beruht ihre Wirksamkeit?. Bad Heilbrunn, S. 13-45.

Rabenstein, K. (2008): Rhythmisierung. In: T. Coelen/H. U. Otto (Hrsg.): Grundbegriffe Ganztagsbildung. Das Handbuch. Wiesbaden, S. 566-575.

Radisch, F./Klieme, E./Bos, W. (2006): Gestaltungsmerkmale und Effekte ganztägiger Angebote im Grundschulbereich. Eine Sekundäranalyse zu Daten der IGLU-Studie. Zeitschrift für Erziehungswissenschaft, 9 (1), S. 30-51.

Rolff, H.-G. (2005): Von der Schulentwicklung – zum Qualitätsmanagement – Eine Gesamt (Meta-) Evaluation der niedersächsischen Qualitätsnetzwerke. In: Niedersächsisches Kultusministerium (Hrsg.): Qualitätsnetzwerke. Qualitätsentwicklung in Netzwerken. Abschlussbericht, S. 77-85.

Rolff, H.-G. (1998): Entwicklung von Einzelschulen: Viel Praxis, wenig Theorie und kaum Forschung – Ein Versuch Schulentwicklung zu systematisieren. In: H.-G. Rolff/K. O. Bauer/K. Klemm/H. Pfeiffer (Hrsg.): Jahrbuch der Schulentwicklung. Band 10. Daten, Beispiele und Perspektiven. Weinheim, S. 295-326.

Rollett, W./Lossen, K./Jarsinski, S./Lüpschen, N./Holtappels, H. G. (2011): Außerunterrichtliche Angebotsstruktur an Ganztagsschulen. In: N. Fischer/H. G. Holtappels/E. Klieme/T. Rauschenbach/L. Stecher/I. Züchner (Hrsg.): Ganztagsschule: Entwicklung, Qualität, Wirkungen. Längsschnittliche Befunde der Studie zur Entwicklung von Ganztagsschulen (StEG). Weinheim, S. 76-96.

Rubin, B. (2006): Tracking and detracking: Debates, evidence, and best practices for a heterogenous world. Theory into Practice, 45 (1), S. 4-14.

Sacher, W. (2008): Elternarbeit. Gestaltungsmöglichkeiten und Grundlagen für alle Schularten. Bad Heilbrunn.

Schäfer, K./Reichel, N. (2013): Von der offenen Ganztagsschule zur Ganztagsbildung. Schule NRW. Amtsblatt des Ministeriums für Schule und Weiterbildung, 65 (5), S. 198-201.

Scharenberg, K. (2012): Leistungsheterogenität und Kompetenzentwicklung. Zur Relevanz klassenbezogener Kompositionsmerkmale im Rahmen der KESS-Studie.

Schnetzer, T. (2009): Zeitstrukturierung an Ganztagsschulen. In: I. Kamski, H.G. Holtappels/T. Schnetzer (Hrsg.): Qualität von Ganztagsschule. Konzepte und Orientierungen für die Praxis. Münster, S. 100-110.

Schulz-Algie, S./Derecik, A./Stoll, M. (2009): Kooperation von Schule und Sportverein – Zwölf Gelingensbedingungen für erfolgreiche Kooperationen. Zeitschrift für Pädagogik, 61 (3), S. 26-28.

Stecher, L./Allemann-Ghionda, C./Helsper, W./Klieme, E. (2009): Ganztägige Bildung und Betreuung. Einleitung. In: Stecher, L./Allemann-Ghionda, C./Helsper, W./Klieme, E. (Hrsg.): Ganztägige Bildung und Betreuung. (Beiheft der Zeitschrift für Pädagogik, 54). Weinheim, S. 7-16.

Stecher, L./Radisch, F./Fischer, N./Klieme, E. (2007): Bildungsqualität außerunterrichtlicher Angebote in der Ganztagsschule. Zeitschrift für Soziologie der Erziehung und Sozialisation, 27 (4), S. 346-366.

Fürstenau, S./Gomolla, M. (Hrsg.) (2012): Migration und schulischer Wandel: Leistungsbeurteilung. Wiesbaden.

Wudtke, H. (1985): Hausaufgaben. In: Hemmer, K. P. u. a.: Enzyklopädie Erziehungswisschenschaft, Bd. 7, Erziehung im Primarbereich, Stuttgart 1985, S. 333-337.

Abbildungsverzeichnis